おはようございます

朝一番に起きてすることは部屋の空気の入れ替えだ。
部屋の両端にあるベランダの戸を大きく開けて風が部屋を通り抜ける中、
空を見て写真を1枚撮る。私の朝の決まりごと。

空という存在はいつも同じだが、その日その日で景色は違う。
天候や時間帯もあるがその日の自分の『朝一番のとびきり』を探す。
空を見て今日はどんな珈琲が楽しいだろう？　と考える。

珈琲の焙煎、淹れること自体は日々同じ行為の繰り返し。
けれどその日の湿度や買い付けた豆のでき栄え、そして何と言っても
自分が表現したい味のためにブレンドされている中川ワニ珈琲には、同じ味がない。

まるで空の景色が瞬間瞬間見る人によって違うように
珈琲もその人の楽しみ方によって全然変わる。
それを知ることで私は『自分のおいしい』を探す手がかりにする。
自分らしい楽しみ方を知らないより知っているほうがやっぱり良い。
世界中にたくさん人が存在する数だけ世界中のおいしいがある。

「ムッチャおいしいよね」ももちろん大切だが
「ムッチャ面白いでしょ!!」がくっつけばそこに∞(無限大)の可能性が広がる。
私らしい空（珈琲）を誰かと共有できたら面白くて楽しくなる。
そんな気持ちが中川さんちのまかない珈琲です。

嫁は忙しい。空に見ほれている暇はない。
やれ朝食、掃除に洗濯、焙煎準備に夫の世話、ぼやぼやしている暇はない。
だからこそ大きな声で言いたい。

珈琲を楽しみましょう、一緒に楽しく。

中川京子［まかない珈琲］

目次

◎「まかないさん」とは…

「奥さん」→「普段の料理を作る（珈琲を淹れる）人」→「まかないさん」へと転じ、
奥さんの京子さんを「まかないさん」と呼ぶようになりました。
本書では、ワニさんが焙煎歴21年のプロの目から見た珈琲の話を語り
（ワニさん執筆のページには横顔のイラストが入っています）、
それ以外のページでは、まかないさんが珈琲との暮らしを綴ります。

＊レシピ内の計量は、小さじ1＝5㎖、大さじ1＝15㎖を使用しています。

1章

珈琲と毎日

おいしい珈琲ってなんだろう？　まったく珈琲が飲めなかった私の生活の真ん中に、珈琲がやってきた。今日1日どんな日になるだろうと、ザワザワとワクワクがミックスされて朝を迎える。おいしい珈琲を探していくと、それを楽しむ人たちの笑顔に出会った。今まで味わったことのない感覚。少しずつワクワクが大きくなる。

お米を炊く、珈琲を淹れる。気持ちは同じ

日々お米を炊く。それはごくごく自然な日常的な行為。炊くといっても炊飯器がやってくれるので私はスイッチを入れるだけ。「だけ？」、いえいえ違います。

お米を炊いてご飯を食べるためには、お米を選んで買ってそれを研ぐ。研いだお米の水加減を、その日の体調や食べたい硬さで調節して炊く。炊飯器の使い方も水を入れる線も決まっている。使い方を理解した上で、お米の種類、研ぐ回数、水分量を選んでいる。それに合わせるおかずもおのずと決まってくる。

“珈琲”も同じ。なにげない日常だと感じる。珈琲の淹れ方は決まっている。使う道具もわかっている。それをどう調理するかは自分次第。

少し硬めのご飯が食べたいから少し水を少なくする。思ったとおりの硬さに炊ければうれしい。それを夫が食べて「お、今日の硬さ、なんだか俺の好みだな」なんて言われたら、ちょっと褒められた気分になる。食べる自分もおいしいし、おかずが進む。

お湯を沸かす。珈琲豆を好みの粗さに挽いてサーバーに入れる。沸騰したお湯をポットに移す。椅子に座って一呼吸。「優しくお湯をお〜く〜」とつぶやきながら、無意識に顔がほころぶ。自分が飲みたい味を想像する。

今日はどんな味になるのかな？　お菓子はアレにしよう。

お米が炊けた。珈琲淹れた。感覚は一緒だと思う。

珈琲とキャベツ

朝から窓を開けて掃除をする。掃除が終わると朝食の準備。ズボラに私は卵をゆでる鍋のふたがわりにケトルを使う。するとゆで卵に、なぜだかうっすら割れ目が入ってムキやすくなる。それに、珈琲を淹れるためのお湯を沸かす時間が短縮されて、私にとっては一石二鳥。できたゆとり分、ゆっくりと珈琲が淹れられる。「大げさやな」などと思うかもしれないが、ちょっとした気持ちのゆとりが、味に出るので重要なんです。

ワニさんの朝食の定番はサラダ、トースト、ゆで卵、果物。コップ一杯の水に、温めた牛乳と冷めた珈琲。なぜ冷めた珈琲なのかはのちに述べることになるのだが、今はキャベツに注目してほしい。

朝昼晩と中川ワニ家の食卓に珈琲とサラダは欠かせない。この両者に慣れるまで、実に苦労をした。365日キャベツを刻み続けるのが結構大変！　ワニさんは「大げさや」と言うが、事実1週間でキャベツをほぼ2玉食べていた。

「キャベツ刻むのがつらいねん」と、慣れるまでしばらく笑ネタになった。キャベツが自分の人生の悩みになるとは想定外！　「おいしいキャベツを食べるためには？」などと考えると、包丁でいかに細かく丁寧にせん切りするかにかかってくる。「え！　そんなん食べる都度、食べる分だけ切ってるの？」と聞いてほしい。「やってたよ」と今では笑えるが、当時は悩んだ。日々精進、日々努力と周囲のアドバイスもあり、今の流儀のサラダが完成した。

珈琲もゆとりとバランス、その日の気分が大切だ。

暮らし上手は、珈琲上手

明治生まれのおばあちゃんは珈琲が大好きだった。長年珈琲を飲んできて、でも忙しい人だったから、いつもインスタント。朝食にパンと珈琲、畑仕事が終わるとまた珈琲を飲んだ。「ハイカラな人だなあ」というのが思い出だ。

母も珈琲が好きで喫茶店によく連れて行ってくれた。家ではもっぱらリキッド珈琲だったが、「好きなんだな」って伝わった。

その娘の私ときたら一切珈琲は飲まなかった。珈琲牛乳ですら苦くて飲めなかったのだから、母は、今の私の姿が不思議らしい。ま、私が一番不思議なのだが。

縁があって珈琲のある暮らしになった。それも本格的な生活だ。毎日料理を作るように珈琲を淹れて、時には料理にも使う。夜は、大好きなお菓子に合わせて、その日の締めくくりの一杯を飲む。このリズムに慣れるまでには随分時間がかかったが、“日々珈琲を楽しむ人たち”を思うと、すごく共感できて、どんどん好きになっていった。特に母世代の人が自分の好きな淹れ方で「なんでもいいのよ」と言いながら、私たちより本格的な楽しみ方を知っている気がする。それを感じるたび「なんてハイカラなんだ」と思う。

私より年下にも、頑張って子育てをしながら珈琲を楽しむ女の子がいる。「家族が使う分だけ」自分で手煎り焙煎している。焙煎すること、淹れること、それを飲むこと、珈琲に触れることが生活の一部なんだ。珈琲を楽しんでいる人の姿は見ていて気持ちがいい。

気がつけばあの母がハンドドリップで珈琲を淹れるようになっていた。「もうほかは飲めないわね」なんて言うのだから頭が下がる。

おふくろ珈琲

金沢の実家では毎晩お義母さんの珈琲を飲む。「1日の終わりに一息いれる？」というタイミングで、心くすぐられるお菓子と一緒に出てくるお義母さんの珈琲が、大好き。

珈琲は、同じ豆でも淹れる人で味が変わる。同じ人が淹れたとしても、その都度味は違う。だから面白い飲み物なんだけれど、お義母さんの珈琲はいつも同じ味。お土産に持ち帰る珈琲は毎回違うブレンドなのに、同じ味になっている。不思議。

だからワニさんに質問した。「お義母さんが淹れると、なんで毎回同じ味なん？　味が変わらないと変よね？」

当たり前だったおふくろの珈琲に、ワニさんは「え？」という感じでひと口急いで飲んでみる。「確かに同じ味がする。いつも飲む味だから考えたことがなかった。何でだろう？」。プロの焙煎人がわからないことが私にわかるわけがない。

思い切ってお義母さんに「淹れてるところを見せてほしい」と頼んでみた。「いいわよ」と少し照れるお義母さんの姿に、実は私がいちばん恥ずかしかった。「ワニさんも一緒に見ようよ」と誘ったら「恥ずかしいからいい」と言った。

ドキドキとワクワクが重なるふたりだけの珈琲教室。ただ途中から、日ごろワニさんから繰り返し言われていることとは真逆の動きだったが、義母はとても楽しそう。とても優しく、淹れ方は少々激しい。それが“おふくろの味”の秘密かと納得した。

お礼を言って淹れたての珈琲とお菓子を持ってワニさんの部屋に戻る。「どんな淹れ方だった？」と知りたがる。が、私だけのヒミツ。

珈琲占い

珈琲をひと口飲むと、その人の人となりが感じられる。それは性格だったり、その日の体調や気分が味に出てくるように思う。それをピタリと言い当てるのがワニさんの得意技のひとつ。

ピタリをいちばん目の当たりにするのが、珈琲教室のとき。たとえ付きっきりで様子を見ていなくても、珈琲をひと口飲めばそれをどんなふうに淹れたかがわかり、「リズムよく淹れたらもっと味が変わるよ」などとさらりと話す。性格や体調まで話が出たら、言われた本人はびっくりしたり、納得したり。

日々焙煎人と生活していると、ワニさんとまではいかないが、私もなんとなくわかるようになってきて、その会話に共感することもある。珈琲に向き合って淹れている人の心が味に映し出されているのだから、当たり前といえば当たり前、不思議といえば不思議。

自分の味で考えると、朝がわかりやすい。仕事に行く前などに珈琲を淹れるとおいしくない。理由は、出掛ける準備やその日の段取りが頭から離れないから。そこに朝食を準備しながらおいしい珈琲を淹れなきゃと気負うから、気持ちが味に出る。どんなに落ち着くように自分に言い聞かせても出てしまう、“焦る焦る”って気持ち。

それとは反対に、夜の一杯はコックリしたトロ味のある珈琲がよく淹れられる。夕食を終え、1日の疲れも忘れて自分の時間を楽しむと、なんだか落ち着く。リラックスしているのだから、それが淹れる行為に自然と表れる。それを、ゆっくりちびちびお酒を楽しむように飲む焙煎人は、「夜はおいしく淹れられるのに、なぜ朝はできないの？」と容赦なく指摘する。「朝は忙しいんですよ！」と思いながら、忙しいのはみんな同じだし、忙しいながらのいろいろを、

“それなり”の味になったらいいなと真剣に考える。そこで悩むからまた味がにごる…気にしたらきりがないのだが、気持ちが味に表れるから、いつからか珈琲でその日の自分を見つめ始めた。

調子が悪かったり心配事があると、淹れているときは無意識でも、どこかモヤッとしている。そんなときの珈琲はやっぱりそんな味がする。だったら「今日は調子が良くないな」と認識して、ムリしないでおこうとセーブする。ワクワクする日や楽しいことが目の前にあるときに淹れると、“楽しい”という気持ちがおいしさのスパイスになってくれる。「あ！　おいしい、元気出るねー」なんて。何だかちょっと占いみたいに思えてくる。自分に素直になるほど見事に当たる。

焦り、ゆとり、悲しみ、喜び、体調の良しあし…素直に自分の声を珈琲を通して聞く。珈琲を楽しむのにいちばん必要なのは肩の力が抜けること！　そこから新しい自分の気持ちの発見があるかも、と生活の中に珈琲が根付く。疲れた味のときはムリしない、おいしい元気さがある味のときは1日を思いっきり楽しみたいと。当たるも八卦、当たらぬも八卦。珈琲占いが私のバロメーター。

ワニコメント

これって不思議なんだよね。教室を始めた当初はひとりひとりの珈琲の味を見てコメントするのに手いっぱいだったけれど、それぞれに淹れるリズムがあり、個性の味があることに気が付いた。それはうまいまずいではない。その人の気質から出てくるうまみ、かな。せっかちな人はせっかちさが味に出るし、一見丁寧そうで実は大雑把な人は、そんな味がする。淹れた珈琲から素直に感じとっているうちに何となくわかるようになっていた。

2章 珈琲と道具

珈琲を楽しむために初めて買った道具は、ポットとドリッパー。「自分の好きな珈琲の味を見つけなさい」と最初にワニさんに教わり、そのためには、自分の気持ちにフィットする道具が必要だとだんだんわかってきた。掃除、淹れる、飲む…いろんな道具がそろっていく。味と道具の関係がわかると毎日の珈琲がおいしくなってきた。

NAKAGAWA WANI COFFEE
FUJI

自分らしいものを

珈琲を始めるとどうしても“特別”な道具が欲しくなる。この“特別”にはいろんな意味が含まれる。少しでも上手く淹れられるようにとか、他の人が持っていないようなものをとか。何より自分の気持ちにメラッと火をつけてくれる素になるから、選び方に慎重になる。飲む器ももちろん重要なのだが、まずは使う道具だ。

ワニさんは「おおっ！　と思える道具になかなか出会えることがない」とよく力説する。ないなら作るしかない、というところだが、ちょっと時間がかかっている。いつか出会える日が来るとかたく心に誓えども、まずは日々の道具を見てください。「どんな道具をそろえたらいいですか？」とよく聞かれるので、これできっかけを見つけてもらえたらな。

まずは、ポットが大事。沸かしたお湯を一度違うポットに移し替えて、お湯の量をコントロールできるようにならねばならない。

次は、ドリッパーとサーバー。ドリッパーはメーカーが限られているので、自分の流儀に合う形を決めればいい。だが受けになるサーバーは∞で、自分だけの個性が光る。両者とも大切なことは“自分がどんな味”を楽しみたいか。これで形が決まるのだ。もちろん、見た目も使いやすさも大事。なので慎重に選ぶ。ビーカーだと理科の実験みたいで味けないから、私はチャイ用のポットを使う（ポットが受け）。中身が見えなくても、今では味と湯量の感覚を身体で覚えられたから大丈夫になった。

いけない！　大事なことがありました。豆は湿気と光と熱を嫌うので、できるだけ密閉できる容器を選ぶべし。豆をすくう匙も、淹れる楽しみのひとつ。無意識ですくっても10gになるものがベスト。

ミルは最終判断。どう珈琲を楽しむかで選びましょう。

私のポットはお湯垂れしやすい。だから垂れないように湯量をコントロールすることが、自分の腕の鍛えどころ。そして、もしもの湯垂れ防止のために、手作りのクロスは必需品。好みのマドラーで珈琲を混ぜれば仕上げは完璧。

プロのワニさんの道具と、私、まかないの道具を次ページで比べてみた。大きさからまず違うのだが、経験値の分だけ差がある。

ワニコメント

どんなにいい道具でも、使いやすい部分と、なんとなくしっくりこない部分があるのはよくあること。ならば、その欠点を自分でリカバーしていくしかないのだが、そのためにも、いちばん自分の気持ちに寄り添いそうな道具を探したい。気持ちに合ったものなら、欠点をプラスに変えて、自分の道具にしていくことも楽しいものだから。珈琲道具って、料理人が大切にしている調理道具と同じだな。

ワニさんの道具たち

まかないさんの仲間たち

道具の話

ポット

珈琲を淹れるにはポットは欠かせない。沸かしたお湯の温度を一度落ち着かせる意味もある。自分のリズムで"細く""太く"と注ぐ湯量を調節しやすいことがポイント。珈琲を淹れて泡が大きく膨らむとうれしくなる。

ドリッパーとサーバー

珈琲を液体に抽出する道具とその液体を受ける容器が必要。たっぷりの珈琲豆を使って味の濃度を出すワニさんはとても大きいサイズ。私はひと目惚れのクリスタルドリッパー。抽出した液体を受けるサーバーも自分好みを選ぶ。

ペーパーフィルター

ハンドドリップする際に使用するペーパーフィルター。ワニさんのものと比べると、大人と子どもほどのサイズ差がある。ジャストサイズのものより1サイズ大きいものを使うと、豆が膨らんだとき、あふれなくていい。

ビーカー

珈琲の液をすぐ捨てるために使う。「もったいない」と思う人もいるだろうが、自分の作りたい味を作ったら残りは捨てる。最後まで出し切ると出がらしまで混ざるから、おいしくなくなる。古いビーカーにワニのスタンプをつけた。

匙

豆をすくって量るのに必要だが、なかなか気に入るものが見つからなかった。ただすくっただけで10gを必ず量れるものがいい。それがかわいければなおよし。折れた匙の先も気付けば程よい。まるっこい形が気に入っている。

珈琲缶

常温で豆を保存する容器。大きいほうは約80年前に作られた古い一貫匁。お客さまに送る前の珈琲豆を入れておくと、さらに香りが増す。私は銅製のワニ缶がお気に入り。ともにふたを開けるとふわっと香りが広がる。開化堂製。

photo　see page24・25

ミル

珈琲豆を粉にするためのもの。豆で買うか粉で買うか、それでまず楽しみと味わいが変わる。挽きたては膨らみよくおいしく味わえる。夫は焙煎を始めるときに、私は嫁入り道具に。どちらも中古を譲ってもらった思い出の品。

粉の豆受け

粉にすると豆は飛び散りやすいので、飛びを抑える容器を探すのがポイント。ワニさんは、若いころよく通った珈琲豆屋さんが使う姿を真似して買った愛蔵品。私は友人がプレゼントしてくれたワインの試飲用カップを使う。

マドラー

珈琲を淹れたらまずひと混ぜ。絶対必要ではないが、珈琲を淹れたらもうひと味、「おいしくなーれ、おいしくなーれ」と唱える感じで混ぜる。ホット、アイス、濃い、軽い、いろんな味の珈琲をその日の気分のマドラーで。

クロス

お湯が垂れたり、サーバーから移動させるとき珈琲がちょっとあふれたり。テーブルが濡れないようにクロスを敷く。どうせなら手作りがいいので作った。珈琲で幾度か染め、自然に染まった模様も気に入っている。

ハケ

ミルして飛び散った粉を掃除するのに使う。ミル自体を掃除する道具も必要だけれど、粉が飛んだらすぐ掃除。デザインの仕事を始めたばかりのとき先輩にいただいた宝物。粉は気を抜くとすぐ飛び散るので。あると便利。

調え皿

珈琲豆を自分でハンドピックしてから淹れるとより雑味がなくなり、おいしくなる。お皿の上で「これ、おいしくなさそうかも」と思う豆を指ではじく。ひと手間かけると、自分の好きな味への近道になる。一度お試しを。

左＝ワニさんの道具　右＝まかないさんの道具

↓　↓

ポット

ドリッパーとサーバー

ペーパーフィルター

ビーカー

匙

珈琲缶

ミル

粉の豆受け

マドラー

クロス

ハケ

調え皿

円錐がいい？ 台形がいい？ フィルターの話

月に1回東京・新富町の道具店「さんのはち」さんで“まかない珈琲”をしている。わが家の味をいろんな人にも楽しんでもらえたらと、婦人会の感じで始まった。婦人会って、先生がいなくて、料理の好きな人がレシピを持ち寄って作ったり食べたりと、お母さんたちが楽しそうにしていたのが、子どものころから憧れだった。だから珈琲の素人ならではの楽しみのコミュニケーション会ができたらなって思った。プロから技術を学ぶのでなく、普通の人と楽しむのを共有できると知識が広がる。いろんな人と出会ってお菓子を食べ、珈琲を飲みながらその話をすると、だんだん淹れ方が上手になっていくコツも見える。

ある日、そこで珈琲を淹れているときに「使っているペーパーフィルターを引っ掛けられる使いやすい道具があったらいいね」という話になった。すると「さんのはち」さんの知り合いのワイヤー作家さんが作ってくださることに。「やったー、かわいー」とでき上がった針金細工のホルダーは台形フィルター用だった。「円錐のフィルターも使えたらいいね」と話していたら素朴な質問が飛び出した。「どうして、台形と円錐を使い分けないとダメなの。どっちでもいいんじゃないの？」。その謎をその場にいる人たちで考えた。質問に答えられる先生がいないので「調べねば」と私の宿題になった。
「今日ね、ペーパーの話から『円錐と台形とどっちでもいいんじゃないの？』と言われて。確かに、自分の使いやすさでどっちを選んでもいいんじゃないかな？」とワニさんに質問したら、「1杯の珈琲の味で考える」と答えが返ってきた。聞きながら自分なりに絵メモを取る。

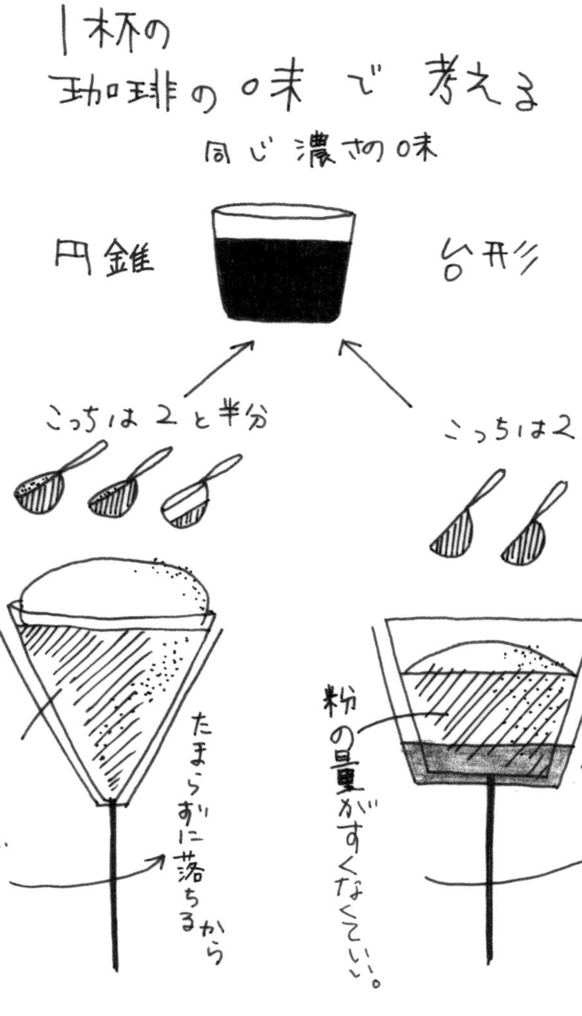

1杯の珈琲の味で考える

同じ濃さの味

円錐

台形

こっちは2と半分

こっちは2

たくさんの粉がいる

たまらずに落ちるから

粉の量がすくなくていい。

ここにたまって落ちるから

円錐→珈琲が持っている“まんま”の味が出やすい
　　　(だから素材がおいしくないとダメ)。
　　　たくさんの量の豆を使うと珈琲の味がよくする。
台形→豆の量が少なくてもある程度の味が出る＝味を調えやすい。
　　　少ない豆で珈琲を淹れられる。

「フムフム、豆の量でも道具って変わるのか」とあらためて思った。たとえば私は「浅煎りは少ない量でサッと淹れたい」ので、だったら台形を使ってみたいなと思った。早速試してみなければ。

「道具ってメリットとデメリットがあるからそれを知って使うことが大切なんだよ。だから、どっちでもいいということはない」。ワニさんが言った。そうだな、確かに用途をちゃんと理解したら私は自分の使いたい物が選べる。珈琲って不思議な飲み物って思う。道具の用途にさらに豆の個性やお湯の温度、粉の粗さが加わり、味が変わる。また婦人会で話さねば。

ワニコメント

右ページ：ドリッパーにはスリットがある。その形はさまざまで、形によってお湯の流れ具合が違う。もちろん味も変わってくる。上左のドリッパーは斜めにスリットが入っていて、お湯が自然とまわりながら落ちる仕組み。その横は、下の部分にだけスリットが。円錐の頂点部分にお湯がたまらず、すっと落ちるようになっている。

僕専用の旅仕事用珈琲セット

実は京都の職人さんたちと、僕の旅先での仕事に使う珈琲道具を作りましょうという話があってから4、5年ぐらい経っていて、いまだできていない。それは単に僕が具体的な形を提示できていないことにすべてがあって、それぞれの持ち味を生かして作ってもらおうと欲が出たあたりから、思考に迷いが出てきたみたい。なんせ作ってもらう職人さんたちは何代も続いている老舗の跡継ぎばかりだから、良いものにしたいなぁという気持ちが高まって、当然でしょう。赤っ恥をかかせるわけには断じていけないという思いもあるし。僕だけが恥をかくのならいいけれど。

ドリッパー、珈琲缶、ヤカンにポット、茶こし、スプーンに珈琲カップ、そしてそれらをきれいに機能的に納める箱。それぞれに自分仕様の特殊なものになる。ドリッパーは既製の最も大きいものでも6人前作るのが限度。そこをなんとか10人前取れるようにしたいのだが、そのためには下に珈琲エキスが落ちていく自分好みの速度を割り出し、なおかつ珈琲が抽出中に冷めないための工夫が必要になる。豆を200gは使えるようにするには、豆が膨らむ嵩まで考えるとバケツのような大きさになってしまう（膨らみ具合は66ページ参照）。

この部分を作ってもらう職人さんと打ち合わせしたら到底片手じゃ持てないという話になって、あえなくサイズの修正を強いられる。ペーパードリップにはこだわりたい。こんなにシンプルなのに、奥の深い器具は他の道具にはない魅力がある。それを僕なりに極めつくしたい気持ちもあるので。

どれひとつを取ってもこの有りさまだから、集中して精力的にことを進めなければ本当に雲をつかむような話になってしまう。くどいようだが、それを道楽道具として美しく作ろうというのだから、ハードルは高い。でもきっと素晴らしく良いものができると信じ、お披露目できる日を楽しみにしている。作ってくださる人たちの名前はそのときのお楽しみということで。

まかない コメント

旅先で、珈琲が自分で淹れられたら楽しい。開化堂さんの珈琲セットを作る企画の話を、ワニさんがしてくれた。「旅先の珈琲豆屋さんで、飲む分を粉にしてもらってこの中に入れて、宿に持って帰る。部屋のポットでお湯を沸かして、急須で淹れたら、楽しいね。袋は開化堂のお母さんが手作りで作ってくれた」。上の写真にある旅持ち用の珈琲セットは携帯用のミニタイプで、今や私たちの旅には欠かせない。これを持っていろんな所を巡る。珈琲豆缶、ドリッパーがすっぽりひとつの缶の中に納まる。

混ぜるもの

くるくるとする。

それは珈琲を淹れたあとの私の密かな楽しみだ。ポットに落ちた珈琲にひと差ししてかき混ぜる。今度はどんな味になっただろう？　自分が思い描いた味に淹れられたか？「おいしくなーれ、おいしくなーれ」とまあるくまあるくナルトを描く。そんな動作を一緒に味わう道具は自分のお気に入りを見つけることでより際立つ。そのときの気分やシチュエーションに合わせてマドラーを替えることをおすすめします。ただの棒も自分にとって特別なモノになる可能性があるので、いろんなモノで試してください。

左から

銀の匙：匙の付け根の部分があえて凸凹と曲がっている。
少し自信がないときに使うと笑えてくる。

「村上レシピ」さんのマドラー：ひと目惚れです、このかわいさ。
村上さんから結婚のお祝いにいただいた。棒の先が、ちょうど
珈琲豆ひとつ分くらいの匙になっている。絶品のマドラー。

竹の匙：なんとも細かい竹細工。少なめの珈琲や濃く淹れたときに使う。
持ち手が繊細で、より滑らかに混ざる気がする。

木のスプーン：一見普通だが、とても使いやすい。
アイス珈琲やたっぷり淹れたときによく使う。
なんだか自分がたくましくなった気分になれる。

Dragon：これは古いもの。本来は小鳥が止まる枝に作られたもの。
それを何日も珈琲で煮詰めてマドラーにした。
これで珈琲を混ぜるとハリーポッター気分です。

笑う珈琲焙煎機

開と閉の文字が目玉。右から左に向かって湾曲したダンパーの留め金は笑った口元みたい。レバーの先っちょの赤い玉は舌をペロッと出して見える。古いが丁寧に手入れされていることが伝わる焙煎機をかわいいと言うのは少々変だと思うが、いたずらっ子みたいな顔がお茶目だ。

それがluckyと私の初めての出会いの感想。多分そのときからまかない人生が始まっていて、私は無意識にこの子で焙煎をいつか体験すると感じた。焙煎機のネームプレートを読むと『lucky COFFEE ROASTER』と書いてある。あなたの名前はluckyなのねと心の中で声をかける。

そんなかわいさと真逆に、真剣に火に向かうワニさんはしかめっ面で焙煎する。普段の彼から想像できない機敏な動き。1秒1秒が炎との真剣勝負だから当たり前なのだが、そんなことはおかまいなしに笑い続けているlucky。カタカタ揺れる大きな身体のリズム。このコンビの間合いが最強にも感じられるギャップを楽しむ。彼のお手伝いから始まった焙煎機の掃除だが、実のところいつか私が焙煎したときに「優しくしてね、lucky！」という下心がありあり。

日々珈琲と暮らす生活の中で、ワニさんとluckyを見ていると、愛犬と戯れる家族を見つめている気持ちになる。「ご飯をくれる私と、遊んでくれるワニさんのどっちが好き？　私に決まってるな！」などと質問してしまう。もちろん相手は機械なので返事はないのだが。

わが家で一番の働きものを、ふたりで大事に育てている。

掃除をせねば

悩む、掃除を。なぜかというと部屋から始めるか、luckyからするか悩むからだ。どっちにしても両方毎日しないとダメなのだ。気持ちよく暮らすためにも、おいしい珈琲を飲むためにも。同じ掃除をするなら楽しいほうが良いからと思うが、時間は限られる。その日の段取りもあるから自然と行動は決まるのだが、日々考える。

もともと掃除は好き。だから、焙煎機の掃除も結構面白い。使い込まれた掃除道具とlucky。「今日もよろしくお願いします」と真剣勝負を挑む勢いだ。だって、この掃除で味が左右されるのかと思うと、気持ちにも力が入る。

部屋の掃除に流儀があるように、焙煎機の掃除にも焙煎人が独自に決めた決まりがある。それは…

- 上から下へと順番に。左をしてから右側へ。
- 忘れていけない、始める前には必ず手を洗い、消毒。
- 大事なことだ。食べ物を扱う場所だから。

いちばん上の戸口を開けブラシを使ってチャフ（焼けたうす皮）をかき出す。焼き上がり時の煙は白い粉になって戸に付着している。カツカツコシコシとゆっくり丁寧に落とす。時には手のひらや指先もブラシの役割を果たす。戸口はあちこちいっぱいあるので油断がならぬ。汚れが残っているとイヤな香りが新しい珈琲に混じってしまう。珈琲を楽しむためにキレイにしないと！

掃除を繰り返すたびに私と珈琲の距離が、近づいていく気がする。

ワニ コメント

上：引っ越してくる前から、この部屋を焙煎室にしようと決めていた。それは煙突がシンプルに空とつながるためだった。だからわが家は、マンションの最上階。いちばん屋上に近いところ。下左：珈琲缶はすべて開化堂のもの。22ページで書いた約80年前の缶は右の特大。あとの4つは開化堂とのコラボ缶。右から真鍮製、銅製、残り2つはステンレス製。下右：旅先で出会った思い出や小物を並べて。珈琲の本はまかないさんが珈琲を学んだ「教科書」。いちばんわかりやすい。右：これがlucky。いつも笑顔。

開
閉

3章 珈琲と豆

珈琲ってなんだろう？　これに、ますます興味が深まる。たった一杯の飲み物が、人を和ませ、夢中にさせる。そんな不思議な存在とのふれあいは、豆を観察することから始まった。最初は緑色の生豆が、焙煎途中でオレンジ色になるんです！　ワニさんの焙煎はまるで煮豆を作っているみたいにも見える。珈琲豆って、くにょっとする瞬間があって、それを触わるのが結構楽しい。

珈琲コミュニケーション

「これは何？　あれは何？　どんな特徴があるん？」と質問するとワニさんが「焙煎観察日記つけたらいいんじゃない？」と言った。そうすれば「珈琲の知識がおのずとつくハズだ」ということだろう。それは確かに面白そうだが、私からすれば先生の的確な指導を求めたい。しかし、見て学び、感じて知ることが得意な私だ。ある意味、宇宙語と思える彼の言葉を咀嚼して聞き返すことで、珈琲コミュニケーションが深まる。ただそれが正しいかどうかは謎が深まる。

私は想像することが好きだから、ハンドピックしながら豆を触るとその国に訪れた気分になる。だから豆を1種ずつ観察するのは難しい。焙煎人の目を盗んではきれいになった豆たちを、こっそり封筒に隠し入れて感じたことを書き込んできた。さっぱり意味不明な自分の感想をもとに、後日彼に質問する。その抽象的な返事を記録する観察日記に今では自分なりにやりがいを覚えるようになった。

お気に入りの豆も出てきた。それは「ロブスタ」。形が大豆に似ていてかわいい。焙煎すると独特のアジアンアロマが懐かしさを呼び起こす。子どものころを何となく思い出すその味は、どことなく「麦茶」。そう！　ロブは麦茶の味がする。

ワニコメント

ずっと同じことをしていると、良くも悪くも考えに柔軟性がなくなることもある。そんなとき他の人が作るのを見ると、新しい発見に出会う。最近は、まかないさんがザルで焙煎（50ページ参照）した珈琲を飲むと東南アジアの珈琲の味にそっくりで、思い出が急によみがえった。東南アジアの珈琲の作り方がわかった瞬間。

パナマ
パナマ
パナマ
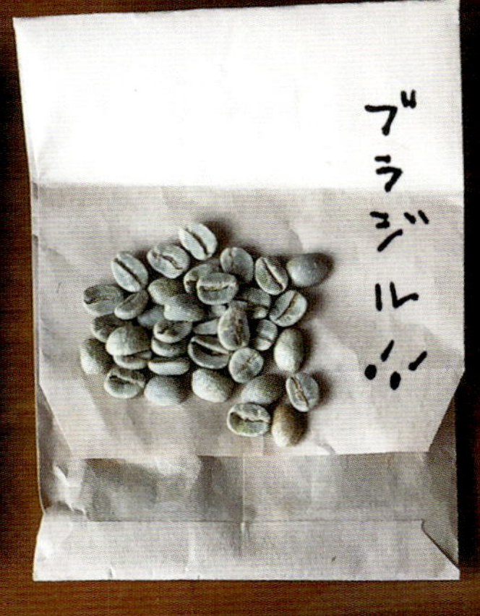
ブラジル!!
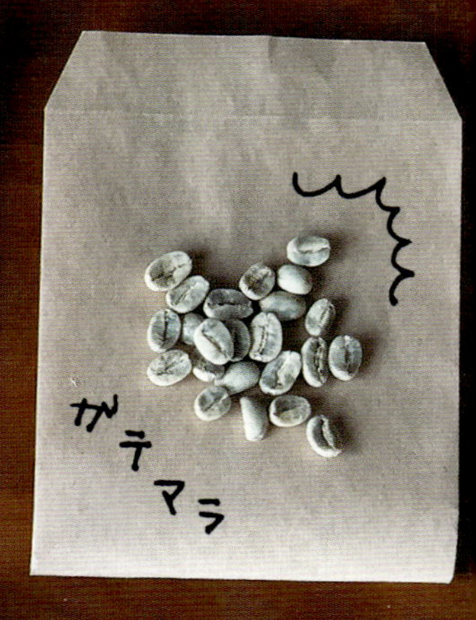
ガテマラ
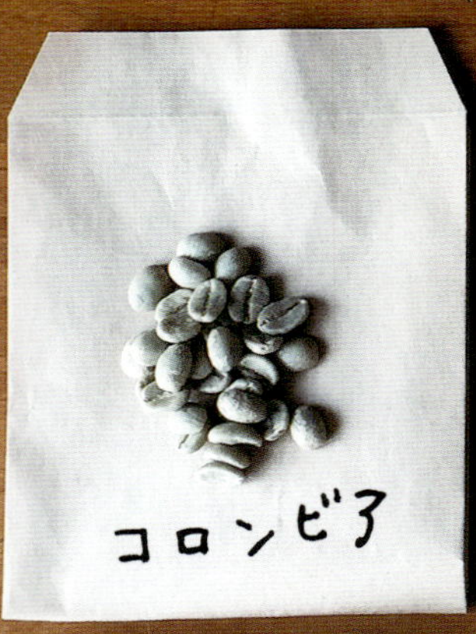
コロンビア

NAKAGAWA WANI COFFEE
TEL 03-5966-7801
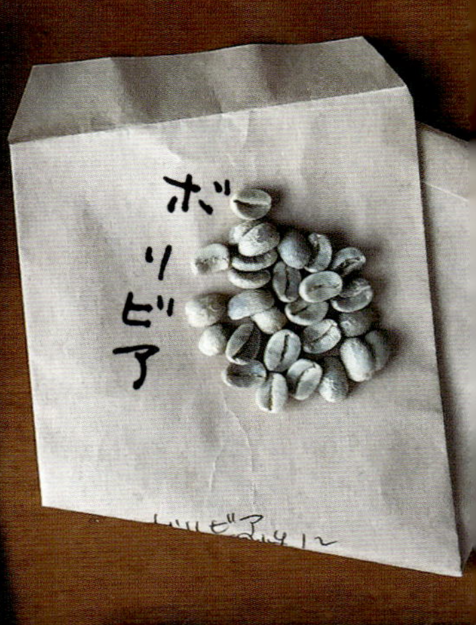
ボリビア
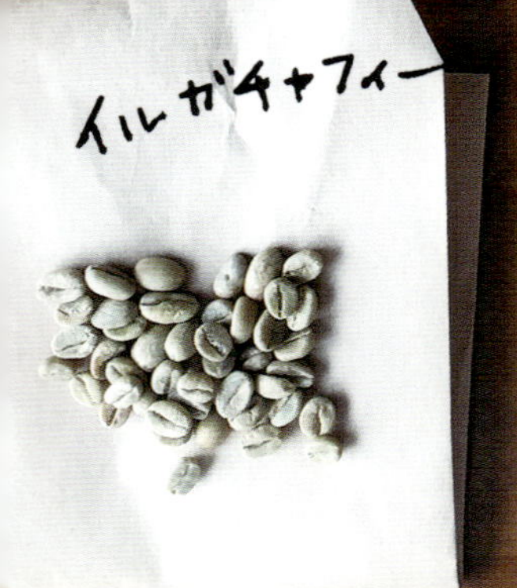
イルガチャフィー
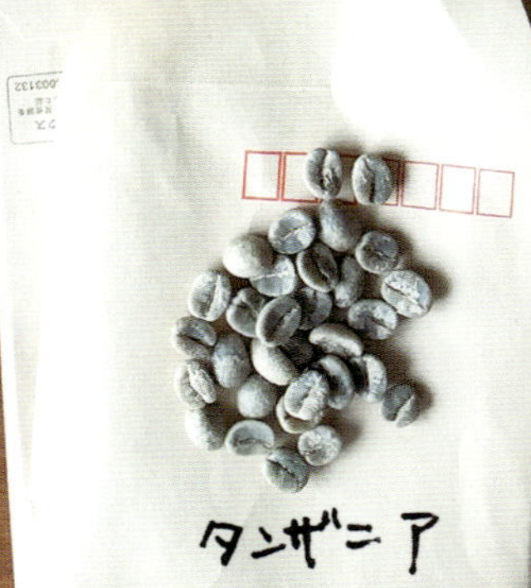
タンザニア
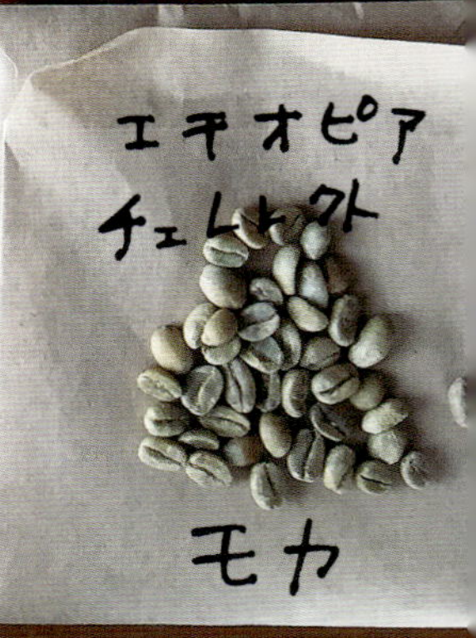
エチオピア
チェレクト
モカ

まかないさんの焙煎法をワニさんが取った観察記録。赤字は、あとで行われた反省会の覚書。

ハンドピックをする

まだ焙煎されていない豆を「生豆」という。それがアトリエに届くと、まず袋を開けて豆の表情と匂いを確かめる。見た目が悪かったり、匂いに違和感を覚えればがっかりするし、良い状態だなあと感じられれば、焙煎したらどんな良いものができるだろうと、ワクワクが高まる。珈琲の生豆は、いろいろな国で生産される農作物なので、生まれた国やその年によって変わる。品種改良され、嗅いだことのない匂いや表情のものに初めて出会うということもままあるが、ある程度の体験と経験を積んでいるうちになんとなく、良い悪いの見当は付くようになった。それでもやっぱり焙煎してみないことには何もわからない。ましてやウチの場合、豆の気質に合わせて、というよりは、僕の気質に合うかどうかが優先されるから、その生豆の評価は一般的なものとは異なる。

そして焙煎前、生豆たちのハンドピックが始まる。正直、この作業は面倒くさいから、しなくていいならせずにさっさと焙煎作業に入りたいのだが、それでも「どうしてするのか」と言えば、虫が喰っているものや未成熟豆、発酵豆、傷んでいるもの、最近のものには少なくなったが不純物の混入などを取り除いていく必要があるからだ。では、取り除かずに焙煎するとどうなるのか。味が単純にまずくなるということ。

ウチの場合。大きなザルに生豆をザクッと入れて手で豆を攪拌しながら選り分けていく。ムダな時間がかかり過ぎると多くの方々から言われもしたが、この作業を効率よくやるためにやっているんじゃない。まず豆に触れるためにやっているんだ。

そこからすでに調理は始まっている。料理人が野菜や肉や魚など

の生鮮素材に触れ、料理の構成に合わせて切り分けたり選別したりする、下拵えと何ら変わらない。これがハンドピックだと思っている。そうして手に伝わる感触、嗅覚で感じ取れること、豆が触れ合って出てくる音色を聞き、目で見て、ひいては身体全体で何かを感じながら、日々を重ねていく。

それが終わると焙煎調理に入り、焼き上がったものがみなさんご存じのあの珈琲豆。それからまた焼き立ての珈琲豆たちに、仕上げのハンドピックを施す。ここでのハンドピックは、珈琲豆全体の居住まいというか佇まいを整え、仕上げるため。その珈琲豆の量感全体が見せてくれる姿は美しいのがいいと信じ、そして何より、おいしくでき上がっているかどうかも、身体で感じ取るようにしたいと思っているからだ。

僕は店舗を持たない焙煎人です。お客さまに珈琲豆が届いたとき、まず目に入っていくのはそのときどきの珈琲豆の佇まい。味はもちろんだが、見た目にもがっかりされないようにすることが、珈琲豆とのファーストコンタクトとして、重要なことだと思うんだ。

7/2(木)
くもり

「まえからねらってた
豆です」

シャーーーー と落ちて行く。

4'15" 丸くて青白い かおり、青っぽい。

7'10" 人肌である。

8'30" 「まだ、カッテーな。」

9'30" くにょっとなる。

11'40 油っぽくないバターみたいなかおり。

12'10 色づきはじめる ↖ が焼けるかんじ。

14'12 オレンジはじまったっぽい。

← 今回は面白い皮のむけかたする。

15'40" ナッツっぽいかおりにかわる。

17'25" くにょくにょだ。

18'00" 甘いかおりになる、あちちっ。

19'00" 「ふん、ふん、ふん」においをかいでうなずく。

20'30" ①ハゼ 甘ずっぱいかおり。
急にいいにおいが流れる。

22'09 コスタリカ気分になる。

24'50 もうじき2ハゼやね。

27.19 パチリ、パチリ、ピキリに近いハゼ。

（アイス用）

今はカチカチとハゼる。

今日は
ダンスしてはった。

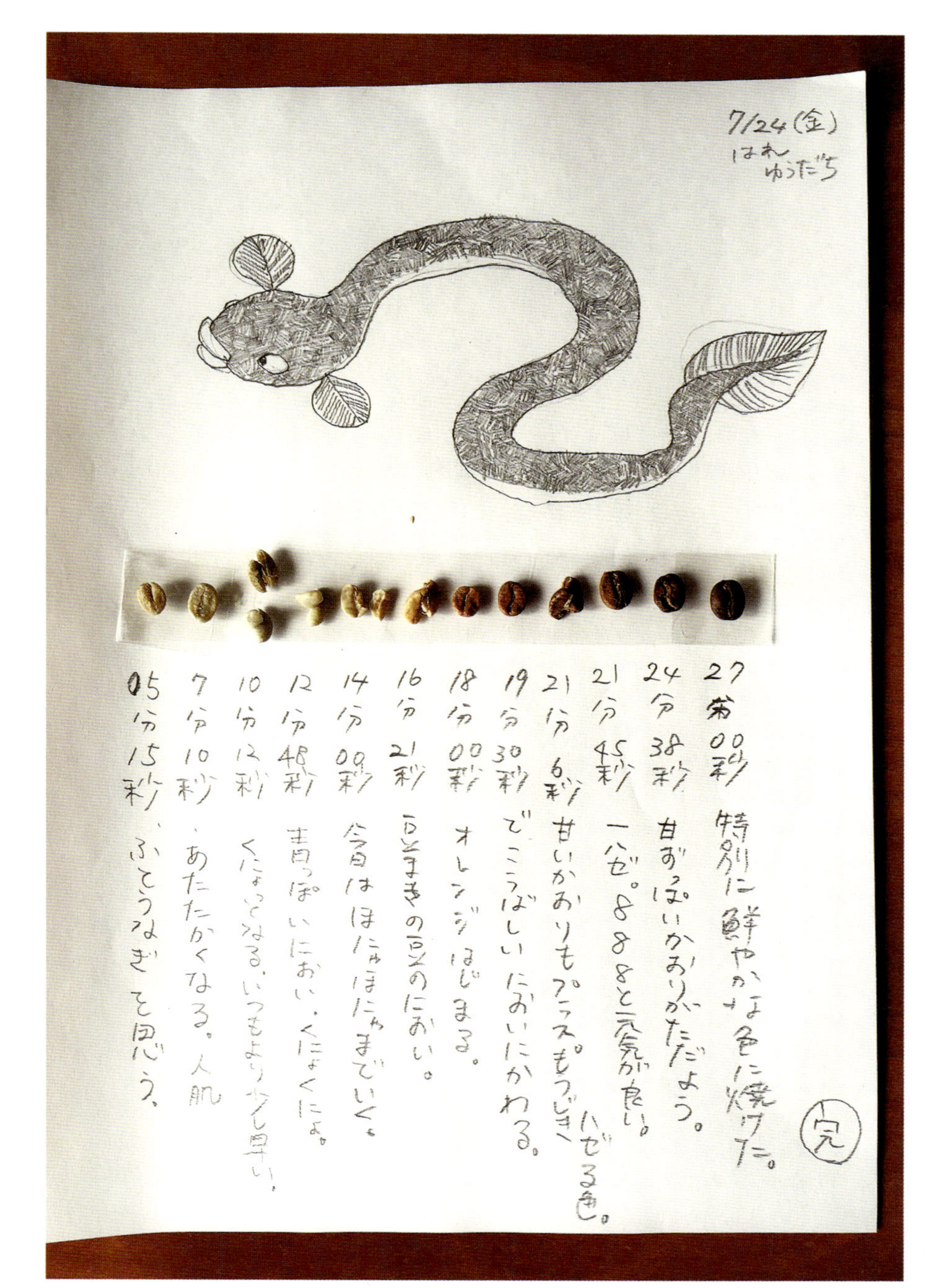

ワニさんの焙煎を見ながら感じたことを、まかないさんが書いた焙煎観察日記。

自分らしい味のために

自分の好きな味を探していると、自分で味を調える楽しみが見えてきた。

わが家の珈琲は完全受注生産。必要な分だけ必要なときに焼く。なのでストックというものが基本ない。自分たちが普段飲むものも、その延長線上にある。

売り豆は仕上げのハンドピックをするのだが、ウチ用はしないこともある。そのときは淹れる際に、好きな味に調整する。匙でミルに豆を入れる前に一度“調え皿”に載せ、「おいしい」と「おいしくない」を振り分ける。そうすれば、あら不思議。それをするとしないでは、味が大きく変わってくる。そのままで飲んでも十分おいしいが、自分らしさをそこに加えることができる。自分らしくなっていくと、ウキウキする。

普段から私たちは、いろいろな珈琲を飲む。いただきもの、外で買ったもの、「味見をしてください」と時に届くものもある。まずはそのままで飲むが、2回目は調えピックをする。やっぱり味が全然違う。もったいない、手間だ、と思うかもしれないが、同じ珈琲を2度楽しめる贅沢はなかなか楽しい。

ハンドピックを自分でするとは、料理の仕上げを自分でしているのと同じだと思ってみて。それが自分好みを生む。弾く豆の基準は美しさ。自分が「まずそう」と思ったり、汚いなと思った豆を引き算する。難しく考えない。自分好み＝まかない、だから。

シュワッととろけると、おいしい珈琲の印

毎年6月近くになると、決まってスペシャルオーダーが入る。東京・千石「八百コーヒー」のメニューに珈琲フロートが追加されるのだ。お店のふみちゃんの手作りアイスに合わせたアイス珈琲をワニさんが深煎りで焙煎する。

ハチ、ハチ、ハチ、とゆっくり聞こえるハゼの音。だんだんパチパチパチに変わる。今日は特別長い時間ハゼている気がする。香りと時間を確かめながら、ワニさんが笑顔で話しかけてきた。「始めは鈍いけれど、だんだんパチパチなって今みたいな音になる。ハゼが長いときは、俺の思う味により近く焼き上がってるんだよ」。そのハゼは大勢の観客が大きなホールで拍手をしているような音に聞こえる。

2ハゼになり、“ここぞ”との香りでローストを止め、一斉に豆を焙煎機から出す。甘くてしっとりしているが、でもなんだかどこかがこざっぱりした香りが家じゅうに広がる。焼き上がった豆をカリカリ食べながらワニさんが「はい食べて」と一粒私に渡す。噛んでいくと最後に口の中で“シュワッ”と豆が溶ける感じ。

「ローストが深いときほど、こういうふうにシュワッと溶けてなくなるのが大事なんだ。繊維がない感じがおいしさのバロメーター」。ニッコリ笑う。ふーん、そうなのか覚えておこうと思いつつ、「繊維が残るの意味がわからへん」と尋ねたら「は？」となる。カッコよく決まったなと思うところをスカして申し訳ないが、意味がわからないんだもの。だって“珈琲の繊維”なんて私知らない（笑）。引き続きその説明が続くのだが、その話はまた。

シュワッと溶ける珈琲豆がおいしい印とわかった。

中深煎り
深煎り

ローストとは…

僕の珈琲に対する姿勢はたったひとつ。いつだってどこでだって、ただうまい珈琲が飲みたいだけなんだよ。だから焙煎に携わる人がどんな味に仕上げたいかをちゃんとイメージして調理していれば、正直ロースト度合いにはこだわらない。おいしければ、それでいい。

ただちょっと説明すると…珈琲の生豆は熱を加えなければ飲料にはならないので、熱を加えていくことを「ロースト」という。熱の加え度合いによって、同じ豆を使っても味の表れ方がそれぞれ違ってくるから、それを段階にして、それぞれに呼び名がついている。浅煎り、中煎り、深煎り…なんて表記されているのがそれ。

- 基本的には、浅いほうが酸味や味のカラフルさが多い。
- ローストが深くなるに従って酸味は減少し、苦味が強くなる。
- イタリアンローストは炭化直前で仕上げたものを指す。
- イタリアン、フレンチ、フルシティ、シティ…の順で浅くなる。
- 例えば「スターバックス」はフレンチ、フルシティのあたりの味。

けれども、近年の珈琲豆の性質の変化によってロースト段階表記も曖昧になり、ロースター（焙煎人のこと）それぞれによる解釈がばらばらになった。消費者にとっては、よりわかりづらい状況が続くかもしれない。だから、「おいしい」と思った珈琲に出会えれば、それだけで幸せ。ロースト度合いにこだわらないでいいと思うのは、そういうこと。

ザルで珈琲を焼いてみた

家で焙煎している人と会って話をすることが思った以上に多い。その人たちはプロでなくて普通の人。例えばお母さんが家族のために、旦那さんが作ってくれた自家製の手回しの焙煎機を使っていたり、華道家の人が華を活ける前に気持ちのスイッチの入れ替えにしていたり。珈琲教室に来る人もフライパンや小さな焙煎機で焼いていて、まるで料理をするように焙煎の話をしてくれる。みんなそろって「焙煎するの楽しいんです」と笑顔。もともとワニさんが「珈琲は調理をするように楽しんでほしい」と言い続けていることをあらためて実感した。材料も道具も時間も、そんなに難しくない。いろんな人の珈琲の知恵が詰まったレシピと、私はやっぱりご飯を作るみたいな気持ちで向き合う。「今日は、自分で焼こうかな」と気が向くと、いろんな人からのアドバイスを自分なりにミックスして作っている。

とてもわかりやすかったアドバイスのひとつが「お米を炊くのと同じ原理と考えて」と教わったこと。やってみれば「確かにそうかも！」。別に生豆は洗わなくてもいいが、お米がふっくら炊き上がるように、乾いた生豆が水分を吸収して目が覚める感じ。焦げにくく、焼き上がりの膨らみがふっくら大きくなり。本当のできたてほやほや自分の手作り珈琲を楽しむ。

絵に描いて友人に話したら「ほんまやね、なんかご飯作ってるみたいやわ、私はゴマ煎りが家にあるからそれでやってみるね」と笑っていた。豆が焼ける様子、香ばしい香り。「自分が飲む分だけ焼こうかな」って思った日は、30gをザルで私は焼いています。プロの珈琲も自分が作る味もどちらも楽しめるっていい。

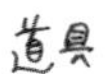
道具

とってのついてるザル
大きいほうが
豆がこげにくいです
私はヘラを使います。スプーンやレンゲ、自分の使いやすいものを
冷ますザル。これがないと
自分の思うローストで止まりません

キュッキュッ
よごれや、豆の皮がとれます
3回ぐらい水をかえ
お米をとぐみたいに
生豆を まず洗う。

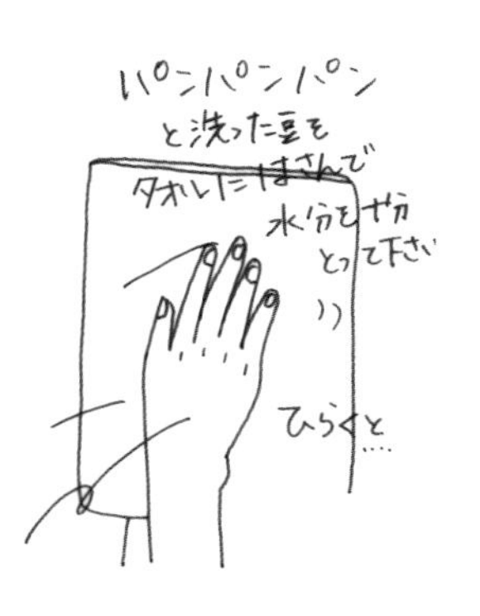
パンパンパン
と洗った豆を
タオルにはさんで
水分をサッと
とって下さい
ひらくと……

洗う前より
しっかり水分をとること
豆が いきいき
しています。

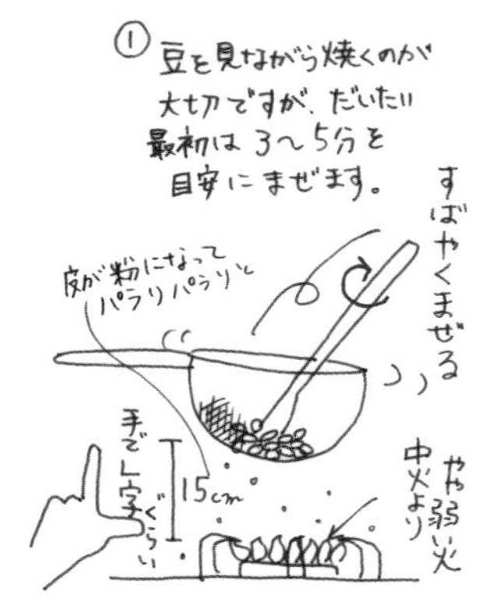
① 豆を見ながら焼くのが
大切ですが、だいたい
最初は 3～5分を
目安にまぜます。
すばやくまぜる
皮が粉になって
パラリパラリと
手でL字ぐらい
15cm
やや弱火
中火より

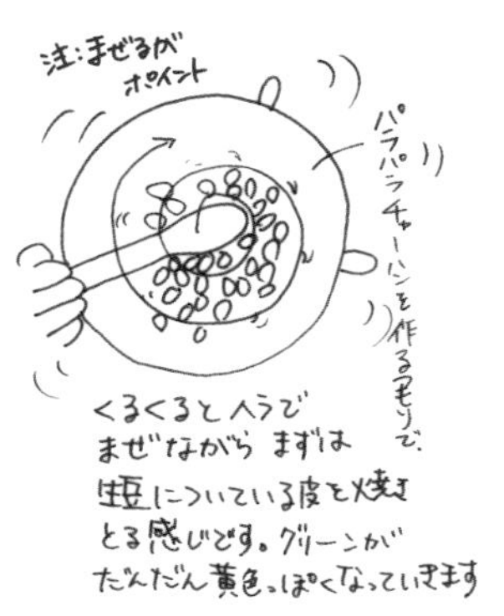
注：まぜるがポイント
パラパラチャーハンを作るつもりで。
くるくるとヘラで
まぜながら まずは
生豆についている皮を焼きとる感じです。グリーンが
だんだん黄色っぽくなっていきます

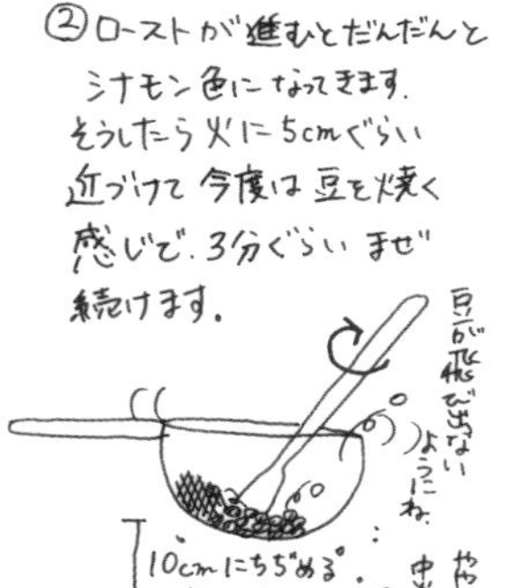
② ローストが進むとだんだんと
シナモン色になってきます。
そうしたら火に5cmぐらい
近づけて 今度は 豆を焼く
感じで、3分ぐらい まぜ
続けます。
豆が飛び出ないようにね
10cmにちぢめる
やや弱い火のまま
中火より

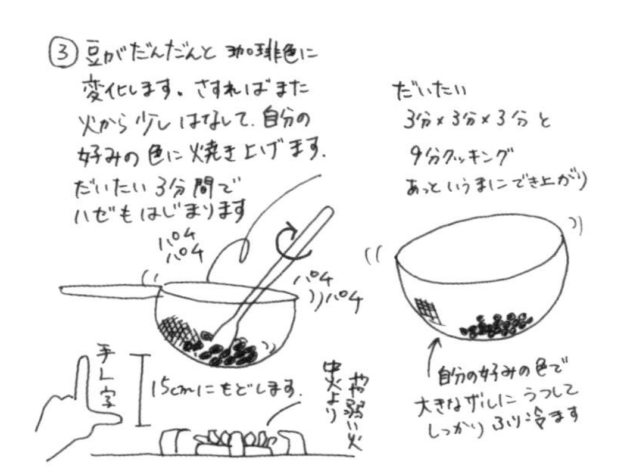
③ 豆がだんだんと珈琲色に
変化します。さすればまた
火から少しはなして、自分の
好みの色に焼き上げます。
だいたい3分間で
ハゼもはじまります
パチパチ
パチパチ
手L字
15cmにもどします。
やや弱い火
中火より
だいたい
3分×3分×3分 と
9分クッキング
あっというまにでき上がり
自分の好みの色で
大きなザルにうつして
しっかり冷ます

4章

膨らむ珈琲を淹れる

おいしい珈琲を淹れるために、3つのキーワードをワニさんから教わった。だがそれは、珈琲をおいしく淹れるためにというよりは、暮らしを普通に楽しむための秘訣に似ている。ムクムクと珈琲が膨らむとうれしくて、楽しくなる。やっぱり楽しく淹れなくちゃ、おいしいは始まらない。ワニさんおすすめ、おいしい秘訣をお届け。

ASAHI GLASS
3Z
150
100
50

どんな味が好き？

珈琲の淹れ方の話をワニさんとする。本を出版するにあたって“誰にでもわかりやすく”するためだったが、レシピを作ってワニさんに見せたら「それは意味がない」と言った。「まかないさんの好きな味がどんなものかまず説明しないとダメ」に、はっとなる。それって大事かも。「次に、自分が淹れ始めたころ、何が難しかったか思い出さないとダメ」と、言われて確かにそうかもと思う。一体何が難しかっただろう？…

① まず最初に“自分の好きな味”がわからなかった。
② ワニさんの言うこと（珈琲の説明）がまったく理解できなかった。
③ ワニさんみたいに、珈琲が膨らまない理由がわからなかった。
④ “エグミ”の意味がわからなかった。
⑤ 何を聞いたらいいかわからなかった。
⑥ でも一番は「珈琲の何がおいしいのか」わからなかった。

という感じを思い出した。

そうしていたらワニさんに、「それがどうしてわかるようになったの？」と聞かれて、「ほんまやね」とあらためて考えた。

まずは、“好きな味”を考えてみてください。それが、珈琲をおいしく淹れるためにいちばん大事なことです。

なくてもいい味

たった一杯の飲み物がいろんな人を巻き込んで、ワニさんは一喜一憂する。焙煎すること、淹れることを、絵を描くように、いろんなブレンドを味と言葉で表現する。それを通して誰かと何かを共有し、楽しんでいる姿を見るのが好きだ。

わが家の珈琲の味は、彼が“自分が表現したい味”を追求しながら作り続けている味わい。

ただ、絶対に出したくない味がある。それを言葉で表したのが“エグミ”。にごりのような味だ。エグミをともなう後味が出るくらいなら「珈琲が本来持っている味をなくしてしまってもいい」とまで言う。それって何だろう？　でもワニさんが思い描いた味に焼き上がった珈琲は、澄み切っていて、一点のにごりもない。なんとも、美しい珈琲。

焙煎人や珈琲を淹れる人、飲む人、楽しむ人の数だけ珈琲の楽しみは存在する。ただやっぱり、澄んだ味は澄んでいるからこそのおいしさがあると感じる。

ワニコメント

エグミは、ローストがブレていたり、豆が酸化しりたりするとよく出る。実はローストした瞬間から酸化は始まる。だから丁寧に作られた珈琲豆を手に入れて、空気になるべく触れないように、きちんと保管することが大切。淹れ方の注意点は、ペーパードリップの場合、最初はなるべく丁寧に抽出して、後半に時間をかけすぎないこと。そして、リズムよく淹れること。

どっちがおいしい？

ワニさん

まかないさん

おいしさは“珈琲の道”が語る

これはある日、珈琲の味の実験をしたときの写真だ。同じ豆を使って同じ分量の珈琲を淹れる。珈琲豆自体は同じものでも淹れる人が違えば必ず違う。もとを正せば、同じ人が淹れてもそのときどきで味は変化するのだ。それが味のコントロールの違いで、そこが珈琲の面白いところだといつも感心する。

じゃあ、なぜ違うの？　を知るために比べっこをしてみた。前ページの写真を見ると、パッとした見た目だけでも差があるが、その違いは簡単な動きで変化する。この「簡単」な違いがまかない人には難しく、ほんのちょっとした気持ちや動作が、珈琲の膨らみと味を大きく左右する。

珈琲を上手く淹れると、真っ直ぐ下に小指一本ぐらい入るきれいな一本道ができる。これを“珈琲の道”という。そのときの塩梅で人差し指くらいのときもあるが、十分膨らんでお湯がきれいに落ちると、豆が持っているいろんなうまみが、珈琲の液体に表れる。写真は、2つとも真っ直ぐ下に落ちている。けれど片方は、もう一方に比べてよりふっくらと膨らんでいるのがわかりますか？　その違いで大きく左右された味。「どっちがおいしいの？」と私に聞かれたら、悔しいが「ふっくら膨れて気持ちよさそうにお湯が十分動いた」とわかるワニさんの珈琲のほうがいろんな味がして、奥行きを感じる。でも、私には私の好みがあって、それを狙って淹れている結果なのだが。

何がどう違うのかと考えてみると、自分が淹れる珈琲の味に広がりが出る。

ワニさんは下まで

まかないさんは途中まで

ワニ
コメント

道具には基本的な原理があって、意味がある。円錐ドリッパーは基本的に、センターをお湯の通り道にして珈琲を抽出していく道具。珈琲の粉に触れたお湯は左右に広がり、粉に染みながら真ん中に戻り、味をまとめていく感じ。自分なりにふくよかで味の重なりの大きい珈琲を作ろうと思っていたら自然と通り道ができた。これが「珈琲の道」。おいしさが通った道。

実践 珈琲を淹れてみる

新鮮な豆を飲む分だけ挽いて淹れる。これが、ワニさんがずっとしている珈琲の淹れ方。私が最初に教わったのは

- 自分の好きな味を見つけること。
- 冷めてもおいしい珈琲を淹れること。
- 珈琲を淹れるのを楽しむこと。

この3つのステップを進んだら、珈琲の声が聞こえるようになった。

珈琲と淹れるお湯、自分のタイミングがそろったとき、珈琲は自然にムクムクと膨らみ始めた。

おいしくなるヒミツ“膨らむ”珈琲の淹れ方

①

ドリッパーに珈琲の粉を平らになるよう、トントントンと軽くたたいて平行にする。ここで粉が斜めだったり、山形だったりすると、せっかくの膨らむ泡が崩れてしまう。

②

沸騰したお湯を、ドリップするためのポットに移し替える。すると温度が少し下がる。沸騰したてのお湯では珈琲がびっくりしてしまう。優しく丁寧に、珈琲へのごあいさつ。

③

「優しくお湯をおくーーーーーーーー」と心でつぶやきながら、①のドリッパーに入った粉の中心に、②のポットからお湯を細い線のように出す。お湯は円を中心から外に向かうように、500円玉大の大きさほどおく。ジャバジャバジャバーだと珈琲が驚いてしまう。

④

すると、新鮮な豆ほどムクムクムクと大きく膨らむ。お湯を含んだ豆が膨らみ切るまでグッと我慢。ココ、ものすごく大事。

⑤

豆が完全に膨らみ切ったら次の合図、2回目のお湯投入。膨らんだ泡の中心にほんの少しお湯を垂らす。すると、真ん中だけ珈琲の色がシュワッと変わって、香りが立つ。自分の好きな香りがしたら、OKの合図。3回目に進む。

⑥

3回目。中心から外に向かって小さな円を描いて、また中心に戻り、プッとお湯を引き上げる。“優しく、お湯は細く”がポイント。お湯が優しく注がれた分、豆はムクムクと上に膨らむ。膨らみ切るとすぐ下にしぼもうとするので、すぐさま4回目を注ぐ。

⑦

「優しくお湯をおくーーーーーーー」と中心から外に向かって円を小さく描き、また中心に戻って、プッとお湯を上げる。この「プッ」がポイント。泡は自然に横に広がって大きくなっていくので、「端までお湯を掛けなくちゃ」などと心配しないで。珈琲が気持ちよく動いていくさまを楽しんで。

⑧

そうすると、だんだんと珈琲の液が手をつなぐように染み渡っていく。ポタリポタリと雫が落ちてきたら、合図。様子を見ながらお湯を優しく渦巻きさせて入れると“シャーッ”と珈琲が流れ出す音が、次の合図！　お湯の線を太くしながら、量を少しずつ増やす。3回ぐらいかな、中心から始まって3回ほど回して、プッとお湯を上げる。それを優しく、優しく、ゆっくり繰り返す。

⑨

自分の思っている味の量になったらドリッパーを外す。出し切らないのがポイント。もったいないからと出し切ったら、せっかく自分で調理した味が、出がらしの味になってしまう。

人には好みがあるから強くは言えないが、せっかくなら料理を楽しむように珈琲を淹れてほしい。お出汁を煮込みすぎると味がにごる、アクをとらないとエグくなる、きめ細かに泡立てればケーキはしっとりする…など。手間暇を掛けた気持ちが味に出る。

基本の珈琲を淹れる

私はシティ・ローストを使ってトロッとコクがありでもどこかビターな感じがする後味が大好き。だからその味を目指して珈琲を淹れる。

珈琲は1人分なら30g、2人分なら50gの粉を使う。円錐ドリッパーで珈琲の粉をたっぷり使って濃く出す味が好きなので、いつも2人分淹れる。おいしい珈琲は冷めてもおいしい。珈琲もう一杯とおかわりする気持ちでたっぷり粉を使って淹れるとコツがつかみやすい。

① 中挽きにした粉をドリッパーに平らになるように入れる。凸凹していると膨らむ泡が崩れてしまう。

② 「優しくお湯をおく〜」と心で唱え、500円玉ほどの大きさに中心にお湯をおく。ムクムクと豆が膨らみ始める。粉が膨らむまで我慢して！　これ、大切。

③ しっかり粉が膨らみ切ったら2投目の合図。中心から円状に動かす。終わりも必ず中心に戻ってプッと引き上げる。泡が凹む前にお湯を注ぎ、下からポタポタと珈琲が落ち始めたら次へ。

④ ポタポタがツツツツツーからチャーーッと落ち始めたらお湯を太く注ぐ。中心から始まって中心に戻るが基本の動き。中心に円ができるのでそれをなぞる感覚で。

⑤ 珈琲は自分で膨らもうとする。その動きを読み取ること。最初に出した濃いエキスを自分の好きな濃度に薄める感覚を想像しながら。

⑥ 珈琲は出し切らない。自分の好みの味ができたらドリッパーを外す。出がらしは捨てる。自分が好きだなと思う香りがしていたら成功。

珈琲のうまみは
友達が増えていくみたい。

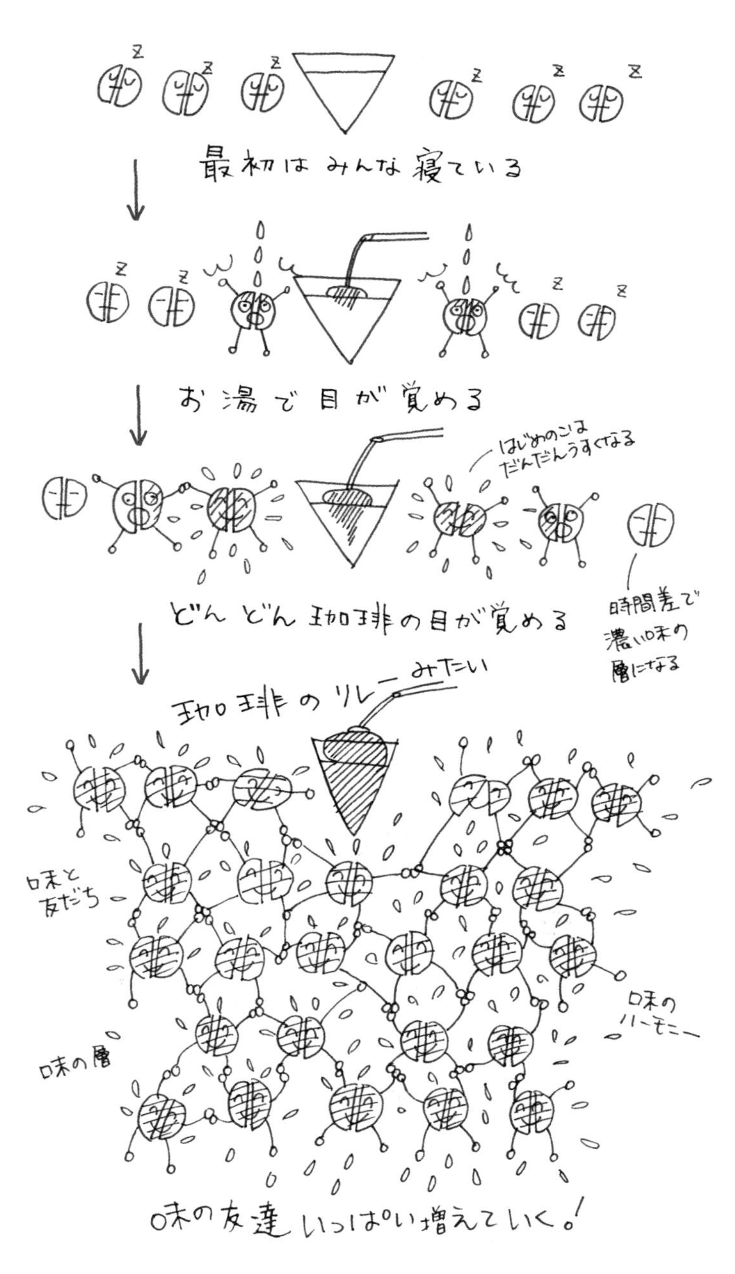

アイス珈琲を淹れる

アイスの場合の悩みどころは、しっかり冷ましてから氷の入ったグラスに移すか、できたて熱々を氷に溶かして淹れるか。これで淹れ方が違ってくる。後者の場合、氷で薄まることを計算に入れて、しっかり濃いめに出すことが大切。この方法は、香りよく、キリッとしたアイス珈琲に仕上がるのがいい。よりどっしりさせて飲みたい方は、前者の方法がおすすめ。珈琲の声を聞きながら、楽しんで淹れてください。

① 豆は、基本の珈琲のときより細かく挽き、10gほど多めにする。

② 1投目は、ドリッパーの端から5mmほどの辺りまでお湯を広げてのせる。

③ 約1分待ち、2投目以降を細く注ぐ。6投目で点々とエキスが落ちるくらいにじっくりと。

④ 細く線につながるまでゆったりとエキスを落とす。焦らずゆっくりと。

⑤ その後はリズムよく落とし、欲しい分量になったらドリッパーを外す。

⑥ 氷の入ったグラスに移し、氷と珈琲エキスがなじむまで攪拌する。

アイスカフェオレを淹れる

アイス珈琲ができ上がったら、私の楽しみはアイスカフェオレ。友人の喫茶店に行くといつも出してくれるカフェオレは、くっきりミルクと二層に分かれていて、憧れの存在。自分の好みにストローで混ぜ合わせながら層を崩して飲むのは、とても楽しくておいしく感じる。自分でも作れるようになりたいと、レシピを教えてもらった。

簡単お手軽くっきりかっちり二層アイスカフェオレのポイントは②。少し置いてミルクの上に氷の溶けた水の膜を作ることでくっきり分かれやすくなる。

① 氷とミルクを入れてよくかき混ぜる。

② そのまま少し置いて氷を溶かす。

③ 氷に伝わせながらアイス珈琲をゆっくり注ぐ。

珈琲フロートを淹れる

ワニさんの作る珈琲フロートは特別においしい。「珈琲フロートの決め手は"三味"一体になること」というが、なかなか真似ができない。珈琲とアイスをぐしゃぐしゃに混ぜ合わせると氷の上にシャリシャリとした層ができる。これが最後のひと口まで味わえる。飲み物とお菓子の中間にある別の食べ物のようになる。材料はアイス珈琲と氷とガムシロップと生クリームにハーゲンダッツアイス！　シャリシャリの秘訣は甘み。ちょっと甘すぎるかな？　と思うぐらいが驚きの一体感を味わわせてくれる。

① アイス珈琲を氷でよく冷やす。

② ガムシロップをティースプーン3〜4杯。「ちょっと甘すぎるかな？」と思うぐらい入れて。

③ アイスクリームはたっぷり盛って。静かに生クリームを流す。表面にふたをするイメージ。

カフェオレを淹れる

どんな味のカフェオレが好き？　ワニさんはシルクのような、滑らかなカフェオレが好きだから、温めたミルクを茶こしでこす。それをするとしないでは、まろ味が全然違うので試してください。

豆の味ももちろんだが、ローストの度合いで味はいろいろ楽しめる。浅煎り、中煎り、深煎りと、豆選びはその日の気分で。特にわが家はコクのあるカフェオレを好むので、豆を細かめに挽いて、抽出する珈琲の濃度を濃くする。基本の珈琲の豆より、もう少し細かく挽いてゆっくりと淹れ、珈琲自体の味の濃度を濃く。ミルクは沸騰させないこと。

カフェオレをおいしく淹れるコツ

カフェオレは、使う珈琲豆の味によって仕上がりは千変万化。基本はアイス珈琲の淹れ方と同じで、そこにミルクが入る。珈琲とミルクの配分に決まりはないが、うちの場合は、珈琲1に対してミルク2が好み。ただ大切なのは、珈琲濃度を普通よりも濃くすること。

⑥

① ペーパードリップで抽出する場合、通常よりも豆の量を10gほど多くして、豆の挽きは好みで自由に。
② 珈琲を取る量は80〜100ml。珈琲豆全体からエキスをしっかり取り出すために、1投目におくお湯の量はドリッパーの端から5mmほどのあたりまでお湯を広げてのせる。
③ じっくり約1分待つ。
④ 2投目からはいつもより細くお湯を使う。このとき、下に珈琲のエキスが落ち始める時間をなるべく遅くする。
⑤ ゆっくりリズムよく注いでいく。取りたい量になったらドリッパーを外す。
⑥ カフェオレはシルキーな食感のものを飲みたいので、温めた牛乳は茶こしでこす。これで滑らかさがうんと増す。
⑦ カップの中でミルクと珈琲を軽く混ぜ合わせたらでき上がり。

珈琲豆の声を聞く、それが焙煎人の仕事

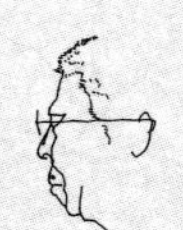

自宅に焙煎機を持ち込むことになったのはほぼ偶然だ。だから焙煎に対する知識も経験も何もなく僕の珈琲生活は始まった。誰も何も教えてくれなかった（本当は誰かに習うことがイヤだった）ので勝手に「アーだコーだ」とやっていくうち珈琲豆自体からいろいろと教わることになる。

珈琲を飲むのは大好きだったから、それまでも好みはもちろんあって“そんな感じのもの”をなんとなく作れば「何とか珈琲になるだろう！」とタカをくくっていたのだ。

焙煎機というものに珈琲の原材料である“生豆”を入れ火で熱を加え、程よいところになったら火を止める。でき上がった珈琲豆を冷ましたら終了、簡単でございましょう？　見た目を“なんとなく”や“それらしく”作るだけなら誰でもできる。

でも大切なことがある。人が口にするものにはうまいまずいがあって、コレが非常にやっかいなのだ。やり続けていくうち、以前はかなりはっきり嫌いだった珈琲の酸味に“良しあし”があるのに気付く。“いい酸味”には食べ物が持つ自然な酸の鮮やかさがあるのに対し、「ウヘッ、酸っぺえ」と感じるものは、時とともに変化する“酸化による酸味”が身体を突き刺すのだ。この違いは、焙煎を積み重ねてわかったことのひとつ。趣味で珈琲を楽しんでいたときには見えなかったことだ。何が言いたいかというと、“凝っているだけ”ではモノの見方が固まりすぎてしまいがちになるということ。

珈琲が好きな人ならば、いろいろな場所で珈琲を飲んでいると、間もなくどこのがうまいだのまずいだのを必ず言うようになる。僕も珈琲焙煎を生業にしなければ、それはそれでよかったんだが、

日々の焙煎で「こんな味や香りもあるんだけどどうすんの？」とか「もうちょっと気持ちよく仕上げてくんないかな？」という珈琲豆の声が聞こえてくるものだから、毎度が忙しい。

今のところ、気が付けば21年があっという間に過ぎていまだ珈琲豆から「今日はどうなのよ」「そっちじゃねぇ、いい加減オレの気質覚えてよ」などと声が聞こえてくるわけ。だから、「今日も素直に真っ直ぐ行くよ」と返事をする。

それが僕にとって珈琲焙煎を仕事にする身上になった。

私も、珈琲の声を聞く

最近珈琲のことがだんだんわかってきた。それは、日々の出来事の積み重ね。答えが始めからわかっていることでなく、経験したり会話したり、「何でかな？」って疑問と「やってみよう」という実感を、毎日毎日繰り返す。

何でワニさんの珈琲はよく膨らむのに、何で私の珈琲は彼のように膨らまないのか？

わからないことはワニさんに質問する。自分がわかりやすいように絵に描いたり、いろんな人と会ってしゃべったり、そしてまた珈琲を淹れるといった毎日を繰り返していると、だんだん言葉の意味が珈琲の中に入ってきた。

「珈琲の声を聞く、珈琲が動きたい方向に動くだけ」

ワニさんは呪文のように、この言葉を何度も伝える。わからなかったその意味が、ゆっくり自分の淹れる珈琲に染みてきた。

膨らむためには、膨らます気持ちだけが答えにつながるとは限らない。目線を変えれば、凹まさないコツがあったりする。いろんな味を出したいから、ゆっくり淹れる。実践からわかること。

そうしているうちに、今まで珈琲に“使われていた”私に自然と珈琲の声みたいなものが聞こえてくるようになった。「あー、なんとなくわかるな」って人はそれだけ珈琲を楽しんでいる証拠。いつか一緒に珈琲の話しましょうね。

ワニコメント

「珈琲の声を聞く」とは珈琲との会話のこと。人と人がコミュニケーションを取るのと同じで、自分がしたこと（淹れること）に対して、珈琲はちゃんと反応してくれる。それをちゃんと見る。その繰り返し。これをクセにするように積み重ねていくと、「こうしたらおいしくなるよ」なんて、珈琲が教えてくれるようになる。

自分の味をエンジョイする

想像してほしい。まったく珈琲を飲まなかった人が、珈琲好きに「珈琲を淹れて」と頼まれるときの気持ち。それも、ただの珈琲好きではない。焙煎を生業として、自分の描く味を作り続けている人にだ。珈琲への奥深い愛情など、素人には想像もできない思いがあるハズ…。「イヤです」と答えたら、「お願いします」と諦めない。押し問答のはてに、最後には「どんな珈琲でも“誰かに淹れてもらう珈琲”は特別（おいしい）」とおっしゃるのでシブシブ淹れた。

珈琲の粉の上にお湯をおく…。ピクリッと、焙煎人の眉が動いた。私の淹れ方はその瞬間からおいしくないのだと伝わる。でき上がった珈琲をコップに入れ替えて、しかめっ面で渡す。黙って飲むがワニさんの肩は少し下がった。

彼に淹れた珈琲で、いちばん悔しい思いをした思い出だ。

ときどき「いいですね、毎日こんなおいしい珈琲が飲めるなんて」とワニさんの淹れた珈琲を飲んだ人に言われたりする。いえ、滅多に飲みません。うちの珈琲は朝昼晩と私が淹れます。焙煎後のテイスティングも私の仕事です。3時のおやつや夜のおやつも含めたら、大体毎日6、7杯の珈琲を私が淹れる。

悔しかった思い出は、今では笑い話。私が克服できたのは…

- “どうしたらおいしい珈琲が楽しめるか？”と諦めない探究心。
- なにより負けん気。
- 珈琲を淹れることを楽しむこと。

そうすると自然に味がついてきた。今は、まかないなりに自信がある。

自分の好みをenjoyする――が、かなり大事。

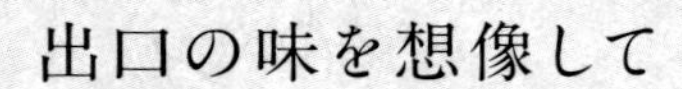

出口の味を想像して

珈琲を淹れるときに大事なこととして「出口の味を考えて」ということがある。たとえばカレーを作るとき、辛くするか甘めにするか、スパイスを効かせるか、フルーツの味を引き立たせるかなど、最終の味を想像して作るだろう。珈琲を淹れるときも同じ。どんな味のものを飲みたいか、ちゃんと決めて淹れること。そのためには、いろんなところで珈琲を飲んでみて、自分の好きな味の店を見つけることが近道かな。その味を想像して淹れてみればいい。

僕はもともと濃い味の珈琲が好きだった。深いローストのかかった珈琲豆をなるべく細かく挽いて、とにかく時間をかけて抽出し、ブランデーやウイスキーのような香りを感じさせる、濃い濃い味のする珈琲が好きだった。それをブラックで飲むのでなく、砂糖とミルクを使って飲むのが好きなころがあった。今は好みが変わって、なるべくたっぷりの珈琲豆を使って“ふわっ”と淹れて、珈琲の質の高さを軽やかに飲むのが好み。だから、抽出時間は2分半前後で、180mlくらいを取るようになった。

熱いときには味が弱そうに感じるものも、冷めていくにつれ、ゆっくりと多彩な味が味わえる…そんな珈琲が上等に思えるようになった。それが僕の今楽しんでいる出口の味。

僕の好きな珈琲店

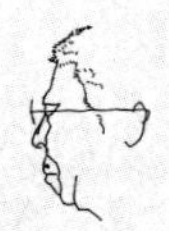

大分の別府にはさまざまな思い出があるが、正式な店の名前が思い出せないコーヒー屋がある。そこにはコーヒーの種類がいっぱいあって、けれどローストはひとつだけ、イタリアンローストのみ。それぞれにふくよかな味わいがあって、深煎りは味が単調になるといわれるんだけれど、決してそうでない。しかも、ここのトーストがまたおいしい。オーナーの自慢話が長いのが玉にキズだったが（苦笑）、できればその話の中にパンの自慢も入れてほしい。ウチからはかなり遠いのでしばらく行かれてないが、別府は言わずと知れた温泉の町。お気に入りの湯につかってふやけた後に、珈琲とトーストをまた味わいたいものだ。

京都には珈琲が飲める場所がいっぱいあって、訪れる人それぞれにひいきの場所があるだろう。僕は最近また「イノダコーヒ」に行くことが多くなった。本店は広々として開放感があり、メニューに売り文句だらけの重苦しさもないからとにかく気楽。お腹が空けば食べるものもあるし。居合わせるお客さんが多く、フラットな場所としてイノダはちょうどいい。あの定番珈琲もこのごろは酸っぱく感じなくなった。サラダとハムサンドに「アラビアの真珠」。おじさんになり、粋がりもなくなった僕の今の定番。

5章

珈琲とお菓子

お菓子は幸せ気分にさせてくれる。365日食べない日がないほど無類のお菓子好きの私にとって、お菓子と珈琲の食べ合わせは、特別な楽しみ。それぞれだけでももちろんおいしいが、ふたつの味が重なり合うと、新しい味の発見がある。珈琲をひと口飲んでお菓子を食べる。そしてもう一度珈琲を飲むと、あら不思議。ふふふ。

マルメロの「ビスコッティー」は珈琲に浸してシュワシュワに。→look page97

珈琲の香りをひと嗅ぎすれば…すぐわかる！

焙煎が佳境に入ってくると、部屋は珈琲の甘い香りでいっぱいになる。珈琲の味は、その日のブレンドと焙煎具合で決まる。香りが私の嗅覚を刺激して、飲む前から「あ、今日の珈琲の味に合うのは、このケーキだな…」と頭の中にはケーキがふわっと浮かんでくる。そして豆が焼き上がるころには、くっきりと頭に描かれるのだ、その日のお菓子が。

香りによっては和菓子なのか、果物なのか。ピッタリのものが思い浮かぶのだ。焙煎後、その珈琲をひと口飲んで、より自分の味覚に確信が持てると、そのケーキをこっそりと“今夜のおやつ”として買う。それをワニさんに食べさせるのだ。

「何、このケーキとこの珈琲ムッチャ合う！」

「このあんこにこの珈琲、おいしい！」

「この食感とこの珈琲、いけるな！」

へたくそな関西弁と一緒に、たまたま買ったケーキが焙煎した珈琲とピッタリ合うと思っているワニさん。「いや…珈琲に合うお菓子を初めから選んで買っているから、ムッチャおいしいの当たり前やし」と、私は心の中で叫ぶのだ。私、珈琲とお菓子のベストマッチを見つける自信、ムッチャあるんです。自分でもときどき「あほちゃうかな？」と思うけれど、かなりの確率で成功する。

それにはコツがある。

① まずは、珈琲の香りの中の甘みを分析する。
　濃厚な香りには濃厚な甘みや性質をもってくる。

② ナッツっぽい味のときは、その度合いでチーズかチョコかと判断する。

③ 蜂蜜みたいな甘みを感じたら、粉っぽい焼き菓子、

ドーナツとかホットケーキとかをチョイス。

④ 粉っぽい感じを一番に感じたら、しっとりしたケーキを。

⑤ フルーティな香りなら、フルーツかナッツ。

⑥ 砂糖じょうゆのような甘い香りなら、和菓子がベスト。

…など、頭の中はその日の珈琲とお菓子のことを考えている。だってね、珈琲単体を楽しむより、またお菓子だけを味わうより、ふたつを合わせると、味が幾層にも膨らむから。

何より私は、お菓子がなければ生きていけない。究極の選択、三度の飯とお菓子のどちらかしか食べられないなら、私は迷わずお菓子を選ぶ。最低1日1回お菓子を食べたい。365日のお菓子には、珈琲がお供。お菓子と珈琲、ふたつが織りなす∞のおいしさを楽しまなきゃ損！ 考えること、実際試すこと。それがピッタリだったりすれば、笑う。楽しみはおいしさと重なるから。

珈琲に合うお菓子

1

2

3

4

5

6

7

8

1

ジャン＝ポール・エヴァン
「マルコポーロ」

チョコレート界の王様は、チョコレート自体の味はもちろん、“層”を楽しむ。パクリとほお張ればお腹の中に落ちる瞬間まで、幾層ものチョコレートと素材の重なりを味わえる。珈琲も、ひと口ふた口と味の層を重ねながら最後の一滴まで楽しみたい。

（オンラインブティック）
http://www.jph-japon.co.jp/shop/
☎ 03-5291-9285

2

フレデリック・カッセル
「シュークリーム」

これを食べると、カスタードクリームは「ヴァニラクリーム」と呼びたくなる。余計な言葉はいらない、特上だ。シュークリームの王様だ。クリームと、皮のしっかりとした味わいが出会い、シュークリームになる。そんな当たり前のことを教えてくれた。

（銀座三越店）
東京都中央区銀座4-6-16 B2F
☎ 03-3562-1111（代）

3

サロン・ド・テ アンジェリーナ
「モンブラン」

このモンブランは今までの概念を覆した。濃厚なマロンペーストの下にたっぷりの生クリームを隠し、サクッと口どけ軽やかなメレンゲが私に向かって囁いてくる。「まだまだ食べられる、まだいけるよ」と。気が付けば、それに応える自分がいる。

（プランタン銀座店）
東京都中央区銀座3-2-1 本館2F
☎ 03-3567-7871

4

フレデリック・カッセル
「ミルフィユ ヴァニーユ」

フレデリック・カッセル氏本人から教えてもらったから間違いない。パイは729の層で焼き上がり、それが3枚。タヒチ産バニラの風味が際立つカスタードクリームと重ねて食べると、花火が夜空に舞い開くような感覚に。味覚の追求に一切の妥協もない。最高！

（銀座三越店）
東京都中央区銀座4-6-16 B2F
☎ 03-3562-1111（代）

5

銀座ベーカリー
「カステラビスケットサンド ラムレーズン」

カステラとビスケットの中間的存在？見た目以上に軽ーい食感は、食べると意外な驚きが。ぺろっと食べ切り、珈琲を飲むのを忘れてしまいそうだが、これがまた珈琲とよく合う。よーく冷やして合わせてみて。味が二倍楽しめることを再認識する。

東京都中央区銀座1-5-5
☎ 03-3538-0155

6

NOAKE TOKYO 浅草店
「キャラメルバナーヌ」

第１回目の「まかない珈琲」で珈琲に合わせた思い出のお菓子。バナナは珈琲に合うのだが、バナナに濃厚なキャラメルをしっかり効かせたしっとりケーキは、ガツンとおいしさを訴えてくる。それに応えるためには、ケーキに負けない、ガツンと濃厚な珈琲がいい。

東京都台東区浅草5-3-7
☎ 03-5849-4256

7

帝国ホテル ガルガンチュワ
「フルーツケーキ」

珈琲とフルーツケーキは定番の組み合わせだが、中でもコレ。とっても柔らかい食感と洋酒の効いた生地はふわふわできめ細かく、優しい色め。珈琲と並べるとトロンとした気持ちに拍車がかかる。クラシックなケーキにはクラシックで透明感のある珈琲を。

東京都千代田区内幸町1-1-1
帝国ホテル東京 本館1階
☎ 03-3539-8086

8

銀座千疋屋
「銀座アップルクーヘン」

珈琲とシナモンはすごく合う。リンゴとシナモンもすごく合うので、合わないわけがない。じっくり煮込んだリンゴのシロップがしっとり染み込んだ優しいケーキの口当たりと珈琲のビターな組み合わせは、想像以上の香りが口いっぱいに広がる。その驚きを味わう。

東京都中央区銀座5-5-1
☎ 03-3572-0101（代）

9

10

11

12

13

14

15

16

9

資生堂パーラー 銀座本店
「苺のショートケーキ」

焙煎のとき、滑らかな珈琲の香りが頭に思い浮かぶと、苺のショートケーキを選ぶ。滑らかさと繊細さ、職人さんの思いの丈が凝縮した味と見た目の美しさは完璧だ。のどを通り過ぎる瞬間に、沖縄県産本和香糖(ほんわかとう)が日本の心を思い出させる。

東京都中央区銀座8-8-3
東京銀座資生堂ビル
☎ 03-3572-2147 (1Fショップ)

10

TORAYA CAFÉ 青山店
「あずきとカカオのフォンダン」

初めて口にした日のことを今も忘れない。あんことチョコレートの濃厚な味わい。いろいろ頭をめぐらせたが、この舌触りは食べたことがない。長尾智子さんが開発に携わったこのお菓子は、私の中の伝説のひとつ。あんこが苦手な人でも大丈夫、一度トライを。

東京都港区南青山1丁目1-1
新青山ビル西館地下1階
☎ 03-5414-0141

11

御影高杉
「プティマドレーヌ」

とにかくプティが良い。こんなに小さいのに、味にははるかに想像を超える存在感がある。珈琲と会話を楽しみながらプティっとマドレーヌをほお張る。それはミルクと砂糖で味を付けた珈琲にさらに合う。自分好みに珈琲を味付けしてから楽しみたい。

(御影本店)
兵庫県神戸市東灘区御影2-4-10 101号
☎ 078-811-1234

12

ダロワイヨ
「パン ド ミ」と「コンフィチュール」

何だ、この滑らかさ!? 滑らかでしっとりした角食パン5枚切りをトーストするとさらに際立つしっとり感に、苺と森苺をミックスして作られたコンフィチュールをたっぷりとのせれば立派なスウィーツに。うっとりする食感に、カフェオレを組み合わせて。

(銀座本店)
東京都中央区銀座6-9-3
☎ 03-3289-8260

13

ユーハイム
「バウムクーヘン」

神戸在住時代の楽しみは、本店で、工場直送のバウムクーヘンをいちばん分厚くカットしてもらい、テイクアウトすること。「いちばん分厚く切ってください」と勇気を出して頼めたら、そこにはわがままなおいしさが待っている。マイ・ベスト・バウムクーヘン！

（本店）
兵庫県神戸市中央区元町通1-4-13
☎ 078-333-6868

14

喫茶 月森
「前田のおっちゃんとの約束ドーナツ」

「私がいつかお店を持ったとき、おっちゃんのドーナツをお店で出したい。いい？」。友人が初めてそのドーナツを食べたとき、おっちゃんは「お店ができたときにね」と。その約束は、時を経て「月森」で果たされた。夢がかなったドーナツは特別な存在。

兵庫県神戸市灘区八幡町3-6-17
六甲ヴィラ1のB
☎ 078-861-1570

15

ノワ・ドゥ・ブール
「チーズケーキ」

チーズケーキを珈琲にときどき無性に合わせたくなる。それもしっとりホワッとしたものが。そんなときは、これが定番。ケーキの上に生クリームがのっていて、食べるたびにまろやかなうまさが増幅されて、珈琲もまろみを帯びる。にくすぎる。

東京都新宿区新宿3-14-1
伊勢丹新宿店地下1階
☎ 03-3352-1111（大代表）

16

リーポール
「パイナップルケーキ」

ラオスでおばちゃんが道でパイナップルジャムを作っていたっけ。アジアン珈琲が飲みたくなったら、これをチョイスする。シンプルな外見に、さりげないパイナップルあんが入っていて、珈琲に合わせると、気分はアジア!!
ラオスの景色がよみがえる。

東京都新宿区新宿3-14-1
伊勢丹新宿店地下1階
☎ 03-3352-1111（大代表）

17

18

19

20

21

22

23

24

17

とらや
小倉羊羹「夜の梅」

わが家の常備菓子は「とらや」の季節の羊羹。けれども、珈琲にはぜひ小倉羊羹「夜の梅」も合わせてほしい。その名は、切り口に浮かぶ小倉の粒を、夜の闇にほの白く咲く梅の花にたとえて付けられた。ほんのり甘く、少し硬く、後味の良い羊羹と珈琲を。

(ご注文承りセンター)
0120-45-4121
www.toraya-group.co.jp

18

梅園　浅草本店
「豆かん」と「小倉白玉」

贅沢でしょう？　豆かんと小倉白玉を買って、合わせて盛り付ける。まるで和菓子のパフェみたい。濃厚な黒蜜と寒天、後を引くうまさのあんこに白玉。塩味の赤えんどう豆はアクセント。「これぞ下町の味やねん」という瞬間を、私は濃い珈琲とガッツリ楽しむ。

東京都台東区浅草1-31-12
☎ 03-3841-7580

19

麻布昇月堂
「一枚流し麻布あんみつ羊かん」

見るだけで心が躍る。軽やかな味わいが体中を稲妻のごとく響き渡る。ひと口食べて珈琲を飲んで、もうひと口…と、ついひとりで食べてしまうので、夫と食べるとき、具を公平に分けるのが難しい。だからいつもケンカの素。「どこが食べたい？」と聞いて分ける。

東京都港区西麻布4-22-12
☎ 03-3407-0040

20

梅林堂
「満願成就」

たい焼きでなくマドレーヌ！　中には羊羹が入っている!!　あんこでなくて羊羹!!!　この衝撃は食べなければわからない。人には見た目ではわからない魅力があるように、この魅惑は食べてこそわかる。ひと口サイズの口福は驚くほど珈琲に合う。

埼玉県熊谷市箱田6-6-15　箱田本店
☎ 048-521-4651

21

やまだいち
「安倍川もち」

ひとりで1列食べてしまう。いやほんとは2列、いえL字に食べて、最後、夫には2粒だけ残す…と、食べ出すと止まらない。優しいあっさりさが口に広がる。「食べてもいいよ、食べてもいいよ」と1粒ひと粒が微笑みかけてくれている気分になる。

静岡県静岡市駿河区登呂5-15-13
☎ 054-287-2111

22

鍵善良房
「鍵もち」

「和菓子って思った以上に味が濃く、しっかりした味。だからそれに合わせる珈琲も、その濃さに負けないように」は、ワニさんの常の言葉。きな粉を使ったお菓子には特に、珈琲の味をしっかり出すように淹れる。ワニさんの好物、鍵もちには特別に濃く淹れる。

京都府京都市東山区祇園町北側264
☎ 075-561-1818

23

ぼうだい本舗
「栗甘納糖」と「渋皮栗甘納糖」

マロングラッセを食べるなら、断然私はこれをすすめる。マロングラッセ以上のうまみが存在するから。栗の味がしっかりしつつ、甘さがほわっと。渋皮のあるなしで、味がころっと変わる。まるでリキュールみたいな珈琲を味わいながらほお張るのだ。

京都府京都市左京区川端通
二条上ル東入ル新先斗町137
☎ 075-771-1871

24

金沢の伝統菓子
「加賀五色生菓子」

ひと目見て心が華やいだ。江戸時代より金沢に伝わる祝い菓子。五色それぞれに意味があり、天地万物を表すそう。日と月と山と海と里。人が生きる喜びがある。これだけは日本茶を楽しむような感覚で珈琲を合わせる。これは「越山甘清堂」のもの。

(越山甘清堂)
石川県 金沢市武蔵町13-17
☎ 076-221-0336

25

25

壺屋総本店
「デセール」

明治から作られる伝統のフランス菓子は形はさまざまで、一枚一枚によってもちろん味わいも違う。とても純朴で、100年以上前の人々から今を生きる私まで魅了してしまう。一枚食べるごとに珈琲をひと口。珈琲の味わいがその都度異なるから、つい食べすぎる。食べ合わせって面白い。

東京都文京区本郷3-42-8
☎ 03-3811-4645

26

26

スフェラ
「モネ」

モネの「睡蓮」から連想されたお干菓子で、お干菓子の中でこれがいちばん好き。優しくて軽い味わい、トロッとした口どけは、食べると背筋がしゃんと伸びて、はっと目が覚める。洗練された上品さに夢中になる。その上スタイリッシュときたから、もう完璧。

京都府京都市東山区縄手通り新橋上ル西側弁財天町17 スフェラ・ビル
☎ 075-532-1105

27

27

福砂屋 長崎本店
「オランダケーキ」

オランダケーキを見るとアイス珈琲が飲みたくなる。しっとりとした伝統のカステラに香り高い良質のココアが練り込まれ、アクセントにはくるみとレーズン。これらが醸し出すまろやかな味わいは、珈琲とどこか重なる。茶色いふたつの食べ物が織りなす芳醇なひとときをじっくり味わいたい。

長崎県長崎市船大工町3-1
☎ 095-821-2938（代）

page81

マルメロ
「ビスコッティー」

まずはひと口珈琲を飲む。次にビスコッティーだけを食べる。それぞれを味わったら、ビスコッティーを珈琲に浸してシュワシュワにして、ほお張る。するとまったく別の食べ物になって、それぞれの味が共鳴し合う。新たなうまさに、またうける。

兵庫県神戸市中央区元町通1-7-2
ニューもとビル5F
☎ 078-381-6605

目指すは「資生堂パーラー」の
ストロベリーパフェの感覚

その昔江東区の門前仲町に一軒のカフェがあった。そこで19から25歳ぐらいまでバイトをしていた。バイトの話はともかく、その当時マスターやマスターのお母さんに頼まれて、銀座によく買い物に行ったものだ。買い物のお駄賃はときどき、さまざまだったが、資生堂パーラーのストロベリーパフェは、僕にとって一番のお駄賃だった。僕がよく行っていたのは本店ではなく、松屋銀座の8階のパーラー（残念ながら、今はもうない）。

僕は気に入るとしつこく通っては同じものを食べ続けるクセがある。ストロベリーパフェも例外ではなく、特に25歳まではよく食べていたので、「ストロベリーパフェ」＝「資生堂パーラー」という抜き差しならない価値観が生まれ、それは今もそう。

では何がそんなに魅力的なのか？

バランスがいいのである。イチゴが勝ち過ぎるでもなく、アイスクリームが勝ち過ぎるのでもなく、ましてやソースや生クリームでもない。サイズ感もちょうどいい。本店はまたそこならではの趣があるが、基本は変わらない（写真は本店のパフェ）。

イチゴが上等なパフェは結構あるし、アイスクリームが上等なものもそこそこある。だが、「ストロベリーパフェ」という宇宙にすべての要素が上手にまとまっているものを、僕は資生堂パーラー以外に知らない。そして、そんなバランス感覚を僕は珈琲の中に描きたいと思っている。

ワニケーキ

「まかないさん、ケーキ焼けるよね」と聞かれる。子どものころからお菓子を焼くのが好きだったので全然問題なかったが、お題が「ワニケーキ」と、頭に「ワニ」がついているから悩む。

金沢で行うイベントで「必ず手作りのスウィーツとセットでお願いします」と前提があったためのお話。いつもお世話になっている人から声がかかり、ワニさんも参加したい気持ちでいっぱい。既に告知されたあとのことで…どう考えてもあとの祭り。

「ワニケーキ」と言われたら、何を想像する？　多くの人が、ワニの形を思い浮かべると思う。ごくわずかな人でワニの肉と言う人もいるかもしれないが、まずは視覚的に「ワニ」を想像するハズ。珈琲と一緒に食べて楽しい気持ちになって、なおかつワニがらみ。ワニさんの珈琲に合うケーキで、自分が作るとなれば、彼の珈琲を使った味のフルーツケーキを作ることはできる。

お気に入りのレシピをワニ流にアレンジした。金沢で作られた珈琲のお酒にドライフルーツを漬け込んで、小麦粉の分量を減らして、その分珈琲の粉を入れる。濃く抽出した珈琲でカフェオレを作って、それをミルクの代わりに使用する。

でき上がったケーキをワニさんと友人たちに食べてもらい、感想を聞いた。「面白い！　食べたことがない食感。おいしい珈琲に合う」。味の話はあれど、肝心のワニの印象が出てこない。「困った」と悩みに悩んで思い付く。小さなワニの飾りをつけた。「ギリギリセーフ」と自分を説得した。

ワニケーキのレシピ

材料(18×8×6cm
　パウンドケーキ型1個分)
果実の洋酒漬け
　(ミックスフルーツ)　150g
バター　80g
砂糖　80g
卵黄　2個分
珈琲リキュール　大さじ2
カフェオレ　大さじ1
卵白　2個分
小麦粉(薄力粉)　75g
珈琲の微粉　25g
　(小麦粉と合わせて
　100gにする)
ベーキングパウダー
　小さじ½
ココア　小さじ1
シナモン　小さじ½
ナツメグ　少々
パウンドケーキ型に
　塗るバター、小麦粉
　各少々

下準備
Ⓐ 小麦粉、珈琲の粉、ベーキングパウダー、ココア、スパイスを合わせて3回ふるう。砂糖は1回ふるう。
Ⓑ バターは冷蔵庫から出して常温に戻す。
Ⓒ 型の底と内側にバターを薄く塗り伸ばし、小麦粉をふる(パラフィン紙を敷いてもいい)。
Ⓓ オーブンは140〜150度に温めておく。

作り方
① バターを泡立て器で軽く練り、砂糖60gを2〜3回に分けて入れ、さらに泡立て器で白っぽくなるまで強くすり混ぜる。十分な空気を含ませることが大事。
② ①に卵黄を入れて混ぜ、珈琲リキュール、カフェオレを加えてさらに泡立てる。果実の洋酒漬けにⒶの粉類大さじ2をまぶして入れる。
③ 卵白を泡立てて、泡が均一になったら残りの砂糖を3〜4回に分けて入れてさらに強く泡立て、しっかりとつのの立つツヤのあるメレンゲを作る。
④ ②にメレンゲの半量を入れて木ベラでよく混ぜる。残りのⒶの粉類をふり入れてサクサクと切るように混ぜる(練り混ぜないこと)。残りのメレンゲを入れ、ツヤが出るまでさらに混ぜる。
⑤ 型に④を平らに流し入れ表面をならす。
⑥ オーブンで1時間くらい焼き、オーブンから出して2〜3分置いてから型から外し網の上で冷ます。

果物が合う珈琲は…

「果物に珈琲って合いますか？」 とよく聞かれる。話をしていくと「フレッシュ、ドライとどんな種類？　味は？」 と細かく聞かれる。スウィーツと珈琲の組み合わせは相手に伝わりやすいが果物（特にフレッシュ）になると積極的な具体例が必要で食べたときの感想やなぜそれが合うんだろう？　と聞き手にも想像が必要になる。

わが家の珈琲は果物ともよく合う。果物だけにとどまらず野菜にも合う。甘みを強く感じる野菜は特に合いもともと甘みの強い果物はことさらだ。さっぱりとした珈琲よりはトロッとコクのある珈琲のほうがフレッシュな果物には合う。私の特にお気に入りはバナナである。もっちりしたそれに珈琲を合わせて食べると「あ、ちょっと幸せやな」と思う。バナナの甘みが珈琲の風味に新鮮な感じを与えてくれる。朝バナナ、朝珈琲と、ちょっとした眠け覚ましな気がする。

基本的には「チョコレートに合うな」と思う果物は大概珈琲とも合う。ちょっと想像してほしい、オランジュを食べたときの味を。さっぱりとしたオレンジの風味にほろ苦いカカオがベストマッチ。さっぱりとほろ苦は“甘み”でくっついて、おいしいに変わる。ときどき珈琲を飲んで「これ、ちょっとチョコレートっぽくない？」と感じたら、果物と合わせてみてください。

新しい発見と驚きがそこにある。それに慣れていくと、自分の好きな珈琲に好みの果物の組み合わせが発見できる。

追記◎エグミのある珈琲は果物には合わない。
渋い果物がおいしくないのと同じ理由。

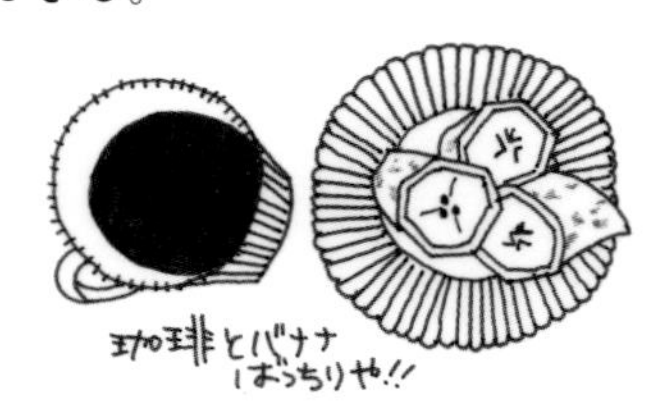

きっかけは、東南アジアの人が食事と甘い珈琲を一緒に楽しむ食文化がとても面白かったこと。そこで、わが家の調味料を“さしすせそこ”にした。砂糖、塩、酢、しょうゆ、みそ、そして珈琲。何にでも使うわけではないが、ちょっとした隠し味や、臭み取りのお酒の代わりに使う。失敗は成功のもと。あれこれやってみると、食事を作ることも食べることも楽しくなってくる。

冷めてもおいしい珈琲で

「本当においしく淹れられた珈琲は、冷めてもおいしいんだよ」。だからそんな珈琲が淹れられるように努力してきた。肩の力を抜いて、泡の膨らみを見ながら淹れると、自然と冷めてもおいしくなった。まるでお酒のような味わい。できたての珈琲がおいしいのは当たり前。本当においしいものは冷めてもおいしいということなんだ。

中華料理店に行ったとき、厨房でコックさんがジャムの小瓶に水を入れて飲んでいた。ふたを開けたり閉めたり飲む姿が心地よかった。それを真似て、余った珈琲を瓶に入れると調味料のように見えてきて、遊び心で料理に入れてみた。「中川家の料理の隠し味のひとつは珈琲」なんてちょっとユニークでしょ。

肉じゃがにだって珈琲入れて

冷めてもおいしい珈琲を口に含んでは、料理との味のマッチを想像する。私があまりに料理と珈琲の話をするので友人が「肉じゃがに入れたら？」と提案してきた。ワニさんが濃厚な珈琲を焙煎したとき、たまりじょうゆのような、みたらし団子のような、しょうゆの甘い香りがするときがある。そのたびに「和に合いそう」と思っていた。

早速試してみた。甘くてホクホクの肉じゃがには“隠し味程度”が好ましかった。ワニさんに差し出すと、「ちょっとシチューっぽいね」と言う。肉じゃががシチュー？　どういうことだ？　味見ではわからなかったが、ご飯に合わせると和食のハズがどこかほんのり洋風の味。これぞまさに珈琲異文化コミュニケーションだ。

肉じゃが

材料(2人分)
牛肉(細切れ等)　200g
じゃがいも大　3個
にんじん　½本
玉ねぎ大　1個
水　200ml
しょうゆ　大さじ2½
砂糖　大さじ2
みりん　大さじ3
珈琲　小さじ3

作り方
① お鍋にお肉の油を入れて熱す。
② モワッと温まったら牛肉を炒める。
③ 牛肉が茶色くなったらじゃがいもとにんじんを入れる。
④ 野菜に少し火が通るまで混ぜるように炒める。
⑤ 玉ねぎを全体に散らして、“玉ねぎの落としぶた”をする。
⑥ 具が浸るぐらい水を入れる。
⑦ しょうゆ、砂糖を煮詰まったときの味を想像しながら入れる。本物の落としぶたをしてグツグツ煮る。
⑧ アクが出てくるのでこまめにとって、珈琲を入れる(多いほど珈琲の味がする)。
⑨ 煮汁がだんだん減っていく。味見をしながらしょうゆ、砂糖、珈琲で微調整。
⑩ 煮汁がなくなるまで煮込む。
⑪ あ！　絹さやを忘れないで。塩の入ったお湯でさっと茹でて冷水にさらし、斜め切りに。彩りを。
⑫ お皿に盛ってでき上がり！

珈琲を入れてこそ美味、鯖のみそ煮

何度か作っているうちにいろんなことの向き不向きがわかるのだが、この料理にはバッチリ、大成功だった。

ワニさんは青物の魚の生臭さがあまり好きでない。でも私は鯖が好きで晩ご飯にしばしば登場させたいが、作るたび、「君は本当に鯖が好きだね」という感じで彼の顔は曇り気味。

さすれば「珈琲を入れれば何かが起こるかも？」と実験した。鯖は臭みが強い。それが苦手な人にはオススメ。お酒と同じ感覚で隠し味程度に珈琲を入れてください。ほとんど珈琲の味はしないが、鯖のみそ煮のコクがビターに増す。なんだか舌の上になんとなく残る苦味が、ベストマッチ。

今夜も“また鯖か”とムスッとしたワニさん。「食べてみて！」とすすめる私の顔を見て、「珈琲入れたんか！」とあきれながらも興味を持って食べる。いつものしかめっ面が「これ、うまい！」とニッコリ笑う。いつもは渋々食べるワニさんなのに、しめしめと思わず心が躍る。

「みそ煮のコクに珈琲が効いてるな、臭みも少ないし、これ、いいんじゃない。料理に珈琲を使うなら、“誰もが作れて共感できる調味料”として使えないと意味がないから頑張って」と言われて、ますます実験にいそしむまかない珈琲だ。

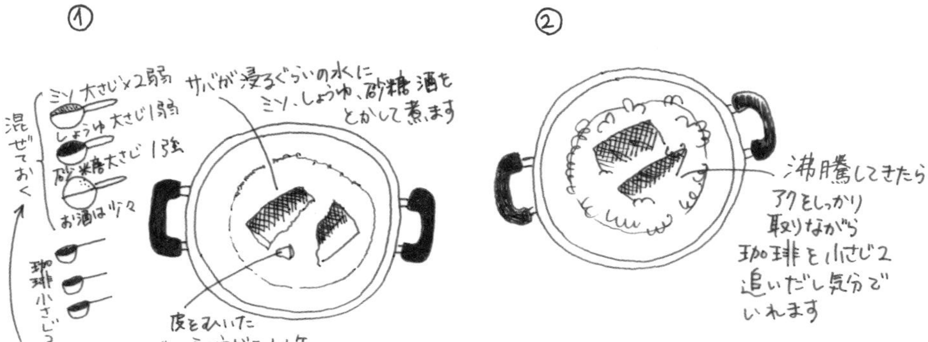
①
ミソ 大さじ×2弱
しょうゆ 大さじ1弱
砂糖大さじ1強
お酒は少々
混ぜておく
サバが浸るぐらいの水に
ミソ、しょうゆ、砂糖、酒を
とかして煮ます
②
沸騰してきたら
アクをしっかり
取りながら
珈琲を小さじ2
追いだし気分で
いれます

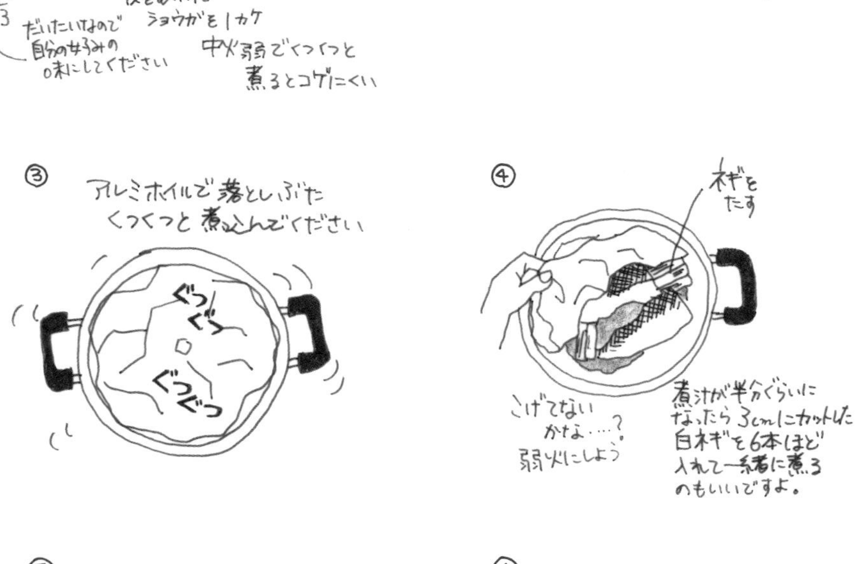
珈琲小さじ3
皮をむいた
ショウガを1カケ
だいたいなので
自分の好みの
味にしてください
中火弱でくつくつと
煮るとコゲにくい
③
アルミホイルで落としぶた
くつくつと煮込んでください
ぐつぐつ
ぐつぐつ
④
ネギを
たす
こげてない
かな…?
弱火にしよう
煮汁が半分ぐらいに
なったら3cmにカットした
白ネギを6本ほど
入れて一緒に煮る
のもいいですよ。

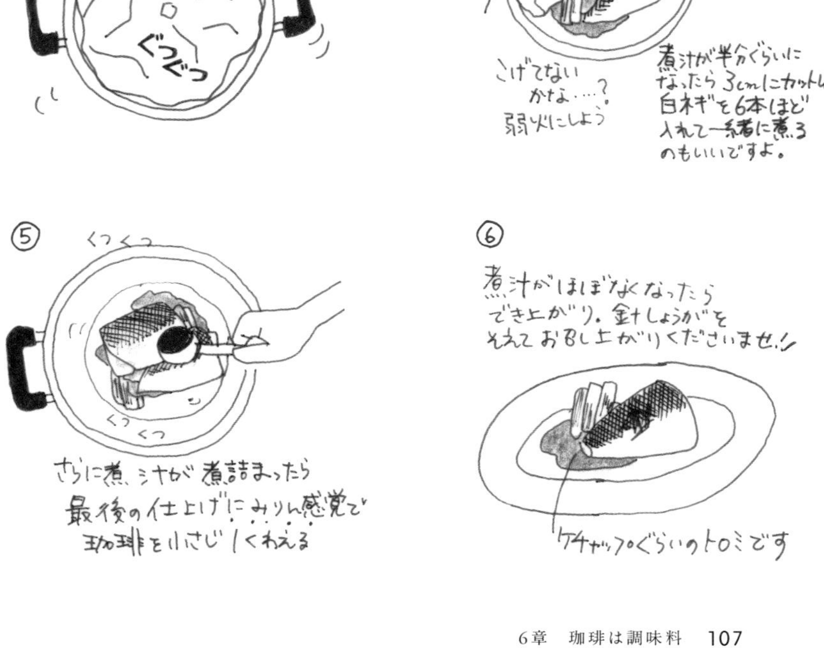
⑤
くつくつ
くつくつ
さらに煮、汁が煮詰まったら
最後の仕上げにみりん感覚で
珈琲を小さじ1くわえる
⑥
煮汁がほぼなくなったら
でき上がり。針しょうがを
そえてお召し上がりくださいませ!!
ケチャップぐらいのトロミです

カレーライスにはドプッと珈琲を

私のカレーは子どものころから小麦粉を使って作る。ルーを使うより簡単で、自分の好きな味が作れるから、カレー粉や調味料で味がころっと変わる。懐かしくて優しい味が好き。

バターで玉ねぎとニンニクとしょうがを炒める。黄金色になるまで炒める必要はなく、しんなりすればいい。そこに小麦粉を入れて混ぜる。小麦粉と炒めた具が混ざったら、自分の好きなメーカーのカレー粉を入れる、簡単。

カレー粉が入ったら、ここでちょっとテクニック。ルーの素になった具に少しずつ水を足して伸ばす。ダマにならないように優しく少しずつ、のの字を書くように混ぜる。珈琲を淹れるのと同じ感覚。

別鍋ではにんじんとじゃがいも、お肉を炒めておく。ルーがちょうどいいトロミになったら、その鍋に入れ、さらに水を足し、固形スープの素を入れてくつくつ煮る。

ここでカップ一杯の珈琲をドプッと入れる！　ぐつぐつ煮込んで好みのトロミになるまで水分を飛ばす。仕上げはミルクやしょうゆ、ウスターソースなどで隠し味を。辛いカレーが好きなら塩、こしょうを効かせる。

昼過ぎから始めて夕方前、それが私の好きなトロミの時間だ。作ることに手間はかからないが好みのトロミになるのに時間をかける。カレーも珈琲も同じ、手間暇かけるが肩に力を入れず、作ることを楽しむことが大切。

焙煎人が夕食タイムにまたつぶやく。「珈琲の入った料理ばかり、いい加減にしたら？」。普通のカレーを作りなさい、ということなのだが、私は珈琲料理の実験中。

ワニさんの定番カレーにも

ワニさんが作るカレーは決まっている。必ず2種のルーを半分ずつブレンドする。野菜はごろっとしていて“お母さんの作るカレーみたいな定番”でないとダメ。「誰でも簡単に作れて、お手軽でないとカレーじゃない!!」と私が作る小麦粉カレーを嫌う。確かに、お母さんの作るカレーみたいな定番カレーがおいしいのはわかるけれど、私のカレーはカレーで本当の懐かしさみたいなのがあるのだ。

ときどきワニさんがご飯を作ってくれる。メニューはカレーか、アサリのむき身とアスパラ、春菊のバジルパスタ。作るといっても下準備も片づけも結局私がするので、楽しいところだけ持っていく感じ。昔は料理が上手だったと自慢の彼。初めて作ってもらったときは正直まずかった。「どこが、料理上手やねん」と、正直な感想。私の辛口はついつい繊細なワニさんの心をポキッと折ってしまう…。今ではおいしく作ってくれる（ただし、やっぱり下準備と片づけは私）。

今日はそのカレーにカップ一杯の珈琲を入れて煮込んだ。作った日より次の日のほうがまろみと珈琲のコクがしっくりする。

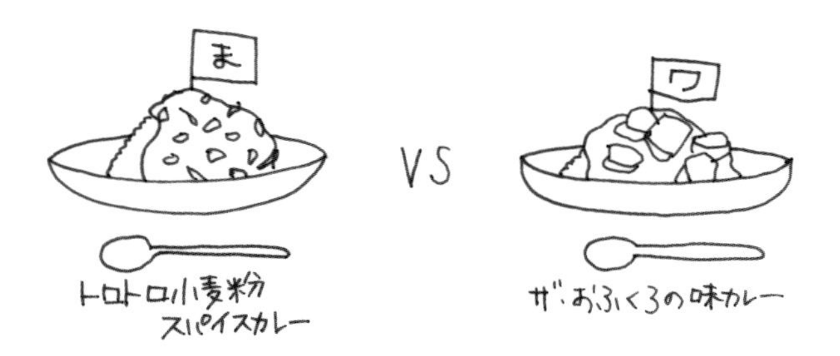

失敗は成功の素、ハンバーグ

「パン粉の代わりに珈琲の粉！」。われながらナイスアイデア!?とウキウキしながらハンバーグを作り始める。やっぱり、全部が珈琲っていうのも何だから、ちゃんとパン粉も入れようと食パンを細かくちぎる。玉ねぎのみじん切りを炒め、ミンチ、ミルクに浸したパン粉に塩、こしょう、ナツメグもちゃんと入れた。

さあここから。珈琲を10gほどミルして、粉をふり入れた。よくこねて「何だかいつもより上手にできたんじゃない？」などとひとりほくそ笑みながら焼き始めた。事件はきっとそのときから始まっていた…。いや、そもそも"ハンバーグ"に"珈琲の粉を入れよう"と考えた私が悪かった。結果から言えば、大失敗だった。

焼き始め、肉の塊が想定以上に膨らむ。そもそも焼けば火が通った分ふっくらと膨らむのだが、ちょっと膨らみすぎ。見た目もかわいかったのに、赤から茶色に変わるほど珈琲の粉のこげ茶色の粒々が目につく。「これは、粗挽きこしょう、こしょうなの！」と自分に言い聞かせる。もうそろそろ焼き上がってもよさそうなころ、いくら時間が経っても火が通らない。何より肉汁が出ないのだ。ハンバーグってこんなに時間がかかるもの？　と思うほど時間をかけて焼き上げる。ハンバーグの本体が隠れるぐらいのソースをたっぷりかけて、夫に夕食として差し出すが罪悪感が残る。

「いただきます！」と笑顔の夫の顔がひと口で曇った。
「何も味がしない。味付け忘れた？　アカンやん」と怒りまじりだ。
「え、そんなわけないよ、ちゃんとつけた」
「塩、こしょう忘れた？　ナツメグ入れた？　少なかったか？」

どうなんだ？　と立て続けに詰め寄る質問に「入れた」と事実を伝える。“あんたより料理は上手ですよ、バカにするな”と心の中でつぶやきながらひと口食べた瞬間、背中に汗をかく。ほぼまったく何も味はしなかった。薄ぼんやりと珈琲の出がらしみたいなぼやけた味はすれど、お肉も塩、こしょうも、あんなに個性のあるナツメグでさえ姿を消した。

珈琲は消臭剤としての効果があるのを思い出す。またおいしいエキスが出た後の出がらしがおいしいわけもないと納得してしまう。
「ごめん、珈琲の粉入れた」と潔く謝る。
「液体でよかったんじゃない？」。優しいのか優しくないのかわからない声で言われる。そうだね、きっと液体ならいい意味で肉の臭み取りを担ったと思う。
珈琲は液体を隠し味程度で使うことを自分に言い聞かせた。

ワニコメント

ハンバーグ自体に入れるんじゃなくて、ハンバーグにかけるデミグラスソースに入れればよかったんじゃない？　ソースの味がコックリしまるような。

オムレツに珈琲を

子どものころ、せん切りの野菜とミンチのオムレツが好きだった。箸を入れると、卵に包まれた中身は見たこともない切り方の具。「何これ?!」と思いながら、味は口になじみ、いくら食べても太らない気がして、好んでよく食べるようになった。

そこに珈琲をプラスした。「味はどう？」とワニさんに尋ねると、「おいしいけど、焦げてない？」。鋭い！　珈琲を入れすぎて水分が飛ばず、いつもより炒めすぎて焦げたか？　野菜のシャッキリ感がポイントなのに。

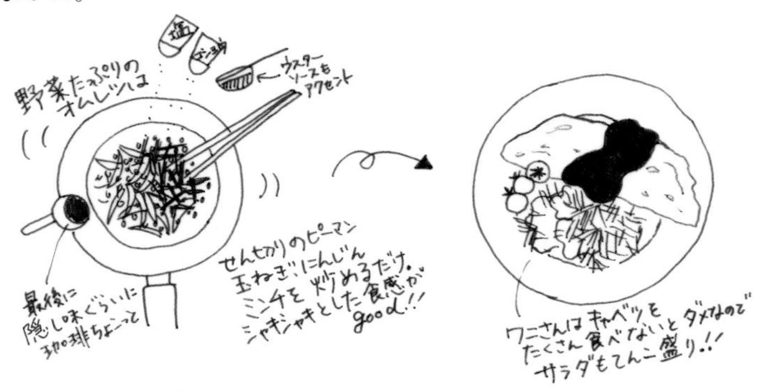

オムレツ

材料(2人分)
卵　2個
牛ミンチ
　100〜150g（お好み）
玉ねぎ　½個
にんじん　½本
ピーマン　2個
珈琲　大さじ1〜2
塩・こしょう　各少々
油　少々
ウスターソース　少々
ケチャップ　適宜

作り方
① 玉ねぎとにんじんは皮をむき、せん切りにする。ピーマンはヘタと種を取り、せん切りに。
② 卵は薄焼き卵に。1枚で1個、塩を少し入れて味を付ける。焼けたらお皿に置いておく。
③ フライパンに油をひき、温まったら牛ミンチを炒める。そぼろになるよう、こまめに混ぜる。肉が茶色くなったら玉ねぎを入れて軽く混ぜる。
④ にんじんとピーマンを入れて、塩、こしょうして炒める。少ししなっとしたら、珈琲をちょこっと。あまり入れると苦味が強く、野菜のシャッキリ感がなくなるので好みで。仕上げにウスターソースで好みの味に。
⑤ でき上がった具を薄焼き卵にのせて、ぐるっと巻く。サラダを添えて、でき上がり。ケチャップはお好みで。

7章 旅・珈琲

珈琲のことを考えながら、風の吹くまま気の向くままに、20年旅をしてきたワニさん。そんな旅の途中に新たな相棒が加わって、珈琲珍道中はつづく。旅先で出会う人と珈琲は彼にとって生きる糧。日々の珈琲をもっと楽しく、もっと好きになるヒントを、出会った人が教えてくれる。珈琲がもたらす世界はあたたかくて、いつもみんなが笑っている。

ヨーグルト珈琲

ベトナム。ワニさんの目的は“現地の人の珈琲の楽しみ方”を体感すること。私は、本でしか見たことのない“ヨーグルト珈琲”と“エッグ珈琲”を飲むことだ。「どこで飲めるかな？」と探す必要もなく、簡単にヨーグルト珈琲は見つかった。

「Yogurt coffee. Please!」。出てきた飲み物に心が躍る。

ワ：「え、そんなの飲むの？」

ま：「これ、飲むためにベトナムに来た」

ワ：「よく飲むよね、俺は普通の珈琲を飲む」

ちょっと頭のおかしい人を見るような顔で私を見るワニさん。そんなことはおかまいなしに飲んでみると、驚くうまさに

ま：「お、おいし～」

絶対イケてる組み合わせに、感動した。

ワ：「そんなにおいしいの？」

細い目をますます細くするワニさん。「飲んでみいさ」を合図にうれしそうに飲む。「おっ、うまいよね」と、まるで自分が見つけたような自慢げな言い方だ。行く店、行く店でヨーグルト珈琲があると「飲めば？」とすすめるワニさん。「俺は普通の珈琲でいいから」

いったい何杯ヨーグルト珈琲を飲んだだろう？

ふと気が付く。普通のグラスに、砂糖入りのカップヨーグルトが甘いカフェオレの中に投げ込まれているだけの飲み物に。そう、グラスにヨーグルトを入れてアイスオレをドブドブッと入れているだけ！　と気付き、笑えた。しかも、隠し味は練乳。日本に帰ったら真似できるな。

ヨーグルト珈琲

作り方

① アイスカフェオレを淹れる(70ページ参照)。
② 練乳をたっぷり入れて甘くし、よく混ぜる。
③ グラスにヨーグルト(加糖)を入れる。
④ ③に②をドブドブ注ぐ。

ワニコメント

ヨーグルト珈琲は浅煎りの珈琲の酸を生かしたカフェオレを作ったら、似たような味のものができるかもね、と僕は思っている。ミルクに酸をつけるか、珈琲に酸をつけるか、とにかく酸っぱさがあればいいんだと思う。そこには、練乳を必ず入れること！　ヨーグルト珈琲には甘みがないとヘンな味。練乳の応用範囲の広さに驚いた。新たな発見だ。

ハノイにて。勇気を出してエッグ珈琲を飲む。草みたいな味がした。

旅先のケーキはいつも冒険。
見たままの味！

ハノイにてカプチーノ。
ふわふわミルクにびっくり。

部屋で淹れる珈琲を粉にしてもらう。
ミルが壊れて大変！

デザートなヨーグルト珈琲。
食べるように飲む。

ダラットはバラの産地として有名。
市場のいたる所にある。

どんなに暑くても
溶けないクリーム。かわいいのにね…。

下町の珈琲豆屋さん。
どれにしようか会話中。

早速ベトナム珈琲を自分で淹れる。
ロブスタの風味がおいしい。

旅先でいつもレシートの裏にイラスト。
思い出を絵にするのが楽しい。

言葉は通じなくても
イラストで会話ができる。

ダラットのホテルにてホットカフェオレ。
特別な気分になる。

煌煌とネオンがまぶしい
珈琲屋。

珈琲の素は花

ラオスで友人たちと大きな滝を見に行ったとき、ワニさんが地面に落ちている花を拾い、手のひらに乗せた。

「これが、珈琲の花だよ」

見上げると白い花がたくさん咲いている。生まれて初めて見たこれが、珈琲の素だと知った瞬間だ。拾い上げられた白い花は、土と蜜の匂いがして、私に強烈なインパクトを与える。山道には野生に生息している珈琲の原種が道のあちこちに自然に生え実をつける。それを誰も特別に思わない、当たり前の景色に驚く。珈琲が栽培される国ならではだ。

花は、時が満ちれば実に変わり、グリーンから赤く成熟する。やがてその種を使って世界中のロースターが珈琲を作る。私たちが日ごろなにげなく飲む茶色い液体は、作物を人が調理して飲み物に変わる。

暑い国にカラフルに茂る植物の甘い蜜の香りがまさに花鳥風月。鳥の声、乾いた地面に突然襲ってくるスコール、生物の生命に満ちあふれる国土は、実りの多い土地ならではの人の活気が心地いいのだ。活き活きと生きる——それが作物の味に出る。

そんな国で作られる珈琲豆は、私の好きな味のひとつになった。一度珈琲を飲むときに、珈琲の花を思い浮かべてみてください。その飲み物から味わう風土は、国際色豊かなはず。いつもとはひと味違う味に、新しい何かが見つかればいいな。

市場のおばちゃんの
甘い甘い珈琲が
1番おいしい!!

ベトナムの人、楽しそうに珈琲を飲んでたんだよね

ベトナムに行くと決めたとき、ベトナム珈琲の一般的な飲み方は一応知っていたけれど（みなさんご存じの、アルミでできたドリッパーをガラスのコップに乗っけて、下にはたっぷりと練乳が入っているアレ）、初ベトナムなので先入観は捨て、なおかつ“人のあるところ、まずいものなし”を信条に、期待大で飛行機に乗った。

最初に行ったのはダラット。珈琲豆の産地というので、おいしい珈琲にどれぐらい出会えるか——それが心を騒がせる。そしてハノイ。

結論から言うと、日本で飲んでいたものよりだいたいはおいしかったのと、淹れ方が全然違う。抽出時間はベトナムのほうが圧倒的にのんびり。気のきいた店だと珈琲カップがお湯につかったままで出てきて、時間をかけ、エキスを出す。豆の品質はグレードは上がっているだろうなと想像させるものだった（以前は知らないけど）。

とにかくベトナムは、カフェとか、珈琲が飲めるところがそこかしこにあって、「暑い、休む」ってなったとき毎度珈琲を飲んでいたから、ひとつ自分なりの楽しみを見つけた。それは練乳の溶かし具合。ゆったり少しずつ珈琲となじませていき、甘くなりすぎるそのキワで止めると、珈琲のランクがひとつ上がったような上質感に包まれる。どこでもそうだったとは言いませんよ、気に入ったところでね。しかも今回泊まったホテルの珈琲が結構良かったから、眠る前の寝酒よろしく寝珈琲ができ、何はともあれ、いい旅になった。

それにしても、日本に入ってくると形だけで、楽しむ本質は輸入されないことに、やっぱり考えさせられる。現地での昂揚感さっぴいても、いや珈琲飲むとどこだろうが案外いつもと変わらない自分になるから、何かがきっとズレているんだろうな。

LAOS

パクセーの空港にて。
ここの珈琲はワニさんのお気に入り。

パクセーの夜が近づく瞬間。
とても美しい。

ラオスの花。
とても鮮明で美しい。

ビエンチャンの夜は
必ずカフェオレで〆る。

市場のおばちゃんの淹れる珈琲は
最高においしい!!

パイナップルに変身。
大好きな女の子とパチリ。

上質なロブスタ。
私のいちばん好きな味。

珈琲の花。
生命力のあふれる色。

吸い込まれる深い深い滝は
巨大な円錐ドリッパー？

またまた出会った。
どんなに暑くても溶けないクリーム。

トム・ソーヤーの冒険気分で
地面にお絵描きタイム。

さいごに…
中川ワニ珈琲焙煎人が
思うこと

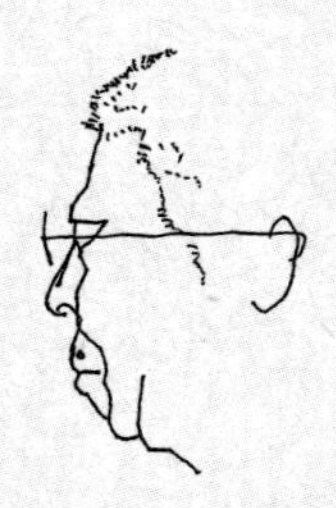

ワニマークの作者、根本きこ

この仕事を始めたときにワニのロゴマークを描いてくれたのは、きこ。絵の学校の同級生だ。多分10年近く会っていない。話すのは本当に久しぶり。電話をするのだが、ちゃんと喋れるか？　東南アジアの国に訪れるようになってから、ずっと僕の心の中を支配し続け、たまっていった想いがある。その話をしようと思った。

珈琲を通して人と会う。珈琲は好きだから、好きなものを介して時間が過ぎるのは、楽しい。ただ焙煎業も20年を過ぎると、周りの風景も変わり、なんだか窮屈な違和感が自分の中に湧き立つ。それは何だろうか、考えて時間が過ぎゆくことに、最近飽き飽きしていた。

ラオスの人たちの生命感。変化し続けていく街。男女に差別のないフラットな暮らし。4年続けて行って、首都ビエンチャンの街並みも急速に変わり、原始的なさまはどんどん失われていく。それでも人の熱気だけは変わらずあった。他国から訪れた人、現地の人に交じって食事をし、珈琲を飲んだ。外国人向けの珈琲はあまりおいしいものに出会わなかったが、現地の人が朝ご飯と一緒に飲んでいる甘い珈琲は、その日1日を乗り切るのに必要な飲み物に思えて、習って、滞在中は毎朝飲んだ。そこに見え隠れする暮らしとともに。

そんな中、「珈琲って一体誰のためのものなんだろう」と漠然と感じ始めていた。ラオス4回目、陸路でタイのウボンラーチャターニーに行って、街のカフェで人のやりとりを見ているうち、「珈琲は飲む人たちのものだ」と思いいたった。

翌年はベトナムに行った。滞在期間は10日から2週間。とにかく飲める限り珈琲を飲む。これは勉強のためでなく、飲みたいから飲む。まぁそれくらい、珈琲が僕は好きなのだ。それと珈琲が傍にあれば、いつでもどこでも自分でいられるありがたいものでもある。

きこが、東南アジアをよく訪れていたのは知っていた。きこはどんな風景を見ていたのだろう？

珈琲の話をする。「アジアの人と、その国で対等に珈琲の仕事がしてみたい」。それは新たに宿った僕の夢。どんなカタチができるかはまだわからないが、その前に、身のまわりのできることから少しずつ。「珈琲の主人公って、飲む人でないとおかしい。そのために、他の食べ物同様、自由に好き勝手に珈琲と付き合えることを、自分たちの暮らしを通じて伝えられたらいいな」。そんな話をきこにした。「『珈琲って誰のもの』っていいね」と言ったあと、「ジュンくん（旦那）がローストした珈琲のハンドピックした残りもので自分は十分だ」と言った。

そういえば、焙煎機購入のきっかけを作ってくれたのも、きこだった。今度は帯の言葉か。世話になりっぱなし。

ありがとう、引き受けてくれて。

珈琲って誰のもの？

珈琲ってもっと自由であっていいんじゃないか、と思うようになったのは、間違いなく東南アジアで珈琲を飲むようになってからだ。

珈琲教室のために、日本各地を巡ることが多かった時期がある。

そのとき地域の食文化の多様さに驚き、珈琲もできるだけその土地でしか味わえないものをといろいろ歩き回ったが、色合いの薄い珈琲の多さに失望した。僕は、「その土地ならではの珈琲がもっとあれば、旅はより色濃いものになるのに」と思い始めていた。九州にはその萌芽はあった。北海道にもある感じはした。でもぼんやりとしか感じることができず、どこででも飲める特徴のない珈琲に出会うことのほうが多かったのも、また事実。これはうまいまずいとはまた別のこと。

各地の教室でそのことを問いかけてみるが、割と反応は鈍く…というか「それどうやったらいいんですか」みたいな空気になる。

そんなことを考えているうち、ラオスへ行くことになり、タイに行き、ベトナムにも行った。「ASEAN10か国全部に行って珈琲飲んでみるか」と最近は思っている。タイのウボンラーチャターニーのカフェで珈琲を飲んでいるとき、お客さんや従業員たちが生き生きとしているのを目の当たりにして思った。「珈琲って誰のためのものなんだろう？」と。そこで手にした『Coffee Traveler』というフリー雑誌には、珈琲を楽しむ人たちに向けた眼差しにあふれていた。そうだよな、そうだよねー、やっぱり珈琲は飲む人たちが真っ先に楽しめるものじゃなくちゃねー。

その前日、僕はラオスのパクセーにある村のお茶屋で、自分で淹れた現地の珈琲の味に驚いていた。珈琲がうまいのもさることながら、その珈琲からフランスの味がした！ 「コレ、ローストした人どこの人？」って聞くと、その店の店主の弟だと言う。つまりは、ラオス人。でも彼に焙煎を教えたのはフランス人だと言う。そういえば、ドイツの珈琲もドイツ味がしたなぁ。タイのその店では、ハンドドリップ珈琲は豆が選べるシステムで、5種類の珈琲の中にタイで栽培されたものがあった。それを飲んでみて、また余計なことを考えた。「日本には日本の味が明確にする珈琲ってあるのか？」

日本に帰って聞き込みを身近な人から始めていくうち、僕の顔は曇ることになる。日本の珈琲って、なんだか窮屈で決まりごとだらけ。飲む人を置いてけぼりな感じがした。

僕はとにかく、珈琲を飲むのが大好き。毎日ないと困るし、珈琲焙煎を生業にしているし、いつだってどこでだっておいしい珈琲が飲みたい！　ただそれだけで今日まで来た。だから自分のしていることもそうであればいいと願って、時間を使ってきた。きっとこれからも、そうしていくんだろうな。

珈琲教室を続けていること

永井宏という人に後押しをされて、珈琲を通した旅をするようになった。当初は珈琲教室というカタチではなかったが、いつしか旅と珈琲教室がセットになり同時に珈琲という思索の旅も始まった。

僕の珈琲教室はプロを養成したり、珈琲の仕事に携わっているもの同士が研鑽を重ね合わせていく類いとは違う。珈琲を普通に家で飲むために飲む人たちと今の時間を共有しながら、僕が知っている限りのことでまずは淹れてみようってのが、基本的な姿勢のものだ。時折プロの人の参加もあるが、多くは普段の珈琲をよりよく楽しみたいと思っている人たちだ。

十何年続けていると一度に多くの人が集まってというときもあったし、てんで参加者が集まらないというときも多く経験した。集まってもらえないときの寂しさといったらそれはそれはなのだが、それでもなおどうして教室を続けているのかといえば、珈琲を愛している人たちと出会い、一時であろうと珈琲を通じて一緒の時を共有できるのが面白いからと言っていい。僕は店舗を持たず、珈琲豆をお客さんに送るカタチで商売をしているのが普通なので、表に出る活動をまったくしなければ誰とも会うことがない。

そんな暮らしの中で、旅先で珈琲教室をし、多くの人と会えることが何物にも代えがたい喜びになって、気が付けば自宅アトリエのある東京にほとんどいないなんて時期も結構あったっけ。

教室が行われる場所はそのときどきさまざまで、普通の家の仏壇の前でしたこともあったし、小洒落たカフェのときもあった。求められればどこへでも行った。そしていろいろな土地で時間を重ねてきた。

それは僕の誇りでもあり、それを支えてくれる人たちがいてくれたからこそのものであり、だからこそ今までどおりではなく、今の自分が感じているカタチに変えて、教室をしていってみたいと思っている。そして珈琲を飲む人のほうをしっかり見ながら、おいしいやりとりを重ねていきたい。

そういえば、永井宏は亡くなる前共通の友人に「中川君は旅を続けていれば大丈夫」と言っていたらしいのだが、それってどういう意味だろう。今はまだわからない。